W0057470

ro
ro
ro

Für die einen ist er der «Mister MTV schlechthin», für die anderen der Prototyp des «Berufsjugendlichen». Er selbst gibt zu: Mit 40 noch beim Musikfernsehen zu moderieren und in Clubs aufzulegen, zeugt wohl von einer gewissen Weigerung, erwachsen zu werden. Doch was bedeutet das eigentlich? Ist erwachsen nur, wer mit Mitte 20 heiratet, kurze Zeit später Kinder bekommt, ein Haus baut, sich in fester Anstellung befindet und für die Rente spart? Markus Kavka versucht der Sache auf den Grund zu gehen. In seinen ebenso humorvollen wie nachdenklichen Geschichten und Alltagsbeobachtungen erzählt er davon, was es heißt, erwachsen zu werden, wenn die Pubertät schon zwanzig Jahre zurückliegt.

Markus Kavka, 1967 in Ingolstadt geboren, ist Journalist und Frontmann von MTV. Seit 2000 moderiert er die täglichen «MTV News». Der von ihm mitinitiierte ZEIT-Weblog gegen Rechtsextremismus «Störungsmelder» wurde 2008 mit dem Grimme Online Award ausgezeichnet.

MARKUS KAVKA

HAMMA WIEDER WAS GELERNT

über das Erwachsenwerden

Rowohlt Taschenbuch Verlag

Die in diesem Band versammelten Texte
sind bereits als Zeitzuender-Kolumnen erschienen.
Mehr unter: www.zuender.zeit.de/kavka.

Originalausgabe
Veröffentlicht im Rowohlt Taschenbuch Verlag,
Reinbek bei Hamburg, September 2008
Copyright © 2008 by Rowohlt Verlag GmbH,
Reinbek bei Hamburg
Umschlaggestaltung ZERO Werbeagentur, München
Titelbild: Martin Langhorst
Satz Candida PostScript, InDesign
Gesamtherstellung CPI – Clausen & Bosse, Leck
Printed in Germany
ISBN 978 3 499 62379 0

INHALT

VORWORT

«Hamma wieder was gelernt!»

Mit dieser Feststellung pflege ich mich seit nunmehr
über zehn Jahren am Ende meiner Sendungen im Fernsehen zu verabschieden. Die einen deuten diesen Satz
als pure Ironie, die anderen würden zugeben, tatsächlich
irgendwas gelernt zu haben, natürlich unter den gege-
benen Umständen.
Ich habe diese Worte von meinem ehemaligen Latein-
lehrer übernommen. Der konnte das mit Fug und Recht
am Ende jeder Unterrichtsstunde behaupten.
Dieses Buch handelt in großen Teilen vom Erwachsenwerden. Ob ich das bin – erwachsen? Gegenfrage: Bin
ich es nicht, wenn ich mir die Frage nach dem Warum
mindestens genauso oft stelle, wie ich sie beantworte?
Wenn es nach mir geht, kann das gerne für immer so
bleiben. Hoffentlich gehen dem Leben nie die Fragen
aus, hoffentlich habe ich niemals das Gefühl, alles zu
wissen. Es ist die Unwissenheit, die Neugierde, die
einen antreibt, und bestimmt werde ich mit jeder Frage,
die beantwortet wird, ein Stück erwachsener. Ob es das
berühmte Ende der Fahnenstange jemals geben wird,
vermag ich zum jetzigen Zeitpunkt noch nicht zu sagen.
Was ich merke: Ich werde zunehmend als Fachmann
in Altersfragen konsultiert, wahrscheinlich als der Typ,
der genau zwischen den Stühlen sitzt. Im Frühjahr gab
es da beispielsweise diese ARD-Themenwoche mit dem

Titel «Mehr Zeit zu leben – Chancen einer alternden Gesellschaft». Und weil ich in Berlin bei Radio Eins, also einem ARD-Sender, eine Popkultur-Radiokolumne mache, sollte auch ich mich darin zur Sache äußern, und zwar im Hinblick auf nicht altern wollende Rockstars.

Als Erste fallen einem da die Rolling Stones ein. Mick Jagger wird zwar dieses Jahr 65 und muss bei Konzerten die Texte und den jeweiligen Auftrittsort vom Teleprompter ablesen, dennoch springt er auf der Bühne nach wie vor herum wie ein 18-Jähriger. Auch die Herren von Kiss, Led Zeppelin, The Police oder Genesis beweisen in diesen Tagen, dass sie nur auf dem Papier am Rentneralter kratzen. Ob man das noch braucht, ist eine andere Frage. Meinetwegen dürfen die Rockopas gerne von ihren Zivis rausgeschoben werden und Platz für junge Bands machen.

Andererseits sollte ich, der ich im Glashaus sitze, nicht mit Steinen werfen, denn auch mit 40 noch bei MTV zu moderieren und in Clubs aufzulegen und rumzuhängen, zeugt eindeutig von einer gewissen Weigerung, erwachsen zu werden. Aber damit stehe ich ja nun beileibe nicht alleine da. Am vergangenen Wochenende habe ich mit Westbam, 43, aufgelegt, letzte Woche spielte Sven Väth, ebenfalls 43, in Berlin. Als ich um 9 Uhr 30 auf dem Weg in die Arbeit (na, immerhin!) am betreffenden Club vorbeifuhr, war dort immer noch Betrieb. Irgendwie ist er an mir vorbeigerauscht, dieser bürgerliche Lebensbauplan, der für einen vorsieht, mit Mitte 20 zu heiraten und kurze Zeit später Kinder zu bekom-

men und ein Haus zu errichten, das Ganze selbstver-
ständlich gestützt von einer festen Anstellung mit ver-
nünftigem Einkommen. Stattdessen habe ich in den
letzten zwanzig Jahren die Unrast und latente Ver-
wirrtheit der Jugend zur Tugend gemacht und finde es
vollkommen in Ordnung, kaum Sicherheiten und feste
Größen in meinem Leben zu haben und nicht zu wissen,
was übermorgen sein wird. Egal, solange es zumindest
morgen so lustig ist wie gestern.

Pappenheimer wie ich sind längst zum Forschungs-
gegenstand von Sozialwissenschaftlern geworden. In
England ist beispielsweise der Terminus «middle youth»
etabliert. Er wird Menschen zwischen Ende 20 und
Anfang 40 zugeschrieben, die einerseits zu alt sind, um
noch als Jugendlicher durchgewunken zu werden, sich
andererseits aber auch noch zu jung geben, um als Person mittleren Alters zu gelten. Für mich wäre zusätzlich
noch der Ausdruck «kidult» zutreffend, weil ich mir als
Mensch im fortgeschrittenen Alter noch typische Jugend-
vergnügungen und -verhaltensweisen gönne.

Habe ich eigentlich irgendetwas gelernt, seit ich volljährig und damit auf dem Papier erwachsen bin? Die beiden
traditionellen Großbaustellen des Lebens – Arbeit und
Beziehung – sind nach wie vor immer für eine Überra-
schung gut. Ich kann nicht sagen, wie genau ich nächstes Jahr meinen Lebensunterhalt verdiene. Vielleicht
genauso wie jetzt, vielleicht ganz anders, vielleicht aber
auch gar nicht. In den Medien geht doch immer alles so
schnell. Heute hü, morgen hott.

Und vielleicht habe ich nächstes Jahr ein Haus und ein Kind, vielleicht aber auch nicht. Da will ich weder meine Freundin noch mich unter Druck setzen. Eilt ja nicht, bin ja noch kidult. Außerdem heiraten deutsche Männer im Schnitt erst mit 37, da bin ich also gar nicht so spät dran.

Aber wann kommt er denn nun, der Punkt, an dem ich so alt aussehe und mich so alt fühle, wie mein Geburtsjahr es nahelegen würde? Laufe ich am Ende Gefahr, meine middle youth bis ins Greisenalter auszudehnen? Irgendwann werde ich unweigerlich zu betagt sein, als dass Leute, die dreißig Jahre jünger sind als ich, noch mit mir spielen wollen. Womöglich ende ich in einer Jugendlichkeits-Gang, in der man sich mit 55 gegenseitig noch die heißesten Electroscheiben vorspielt, und sitze nebenbei noch in der Jury von DSDS. Mutiere ich irgendwann zu einem chronisch jung gebliebenen, operierten und Viagra fressenden Zombie, quasi einem Bastard aus Thomas Gottschalk, Mickey Rourke und Ozzy Osbourne, einem Dorian Gray 2.0? So weit muss es dann doch nicht kommen.

Irgendwann wird das, was ist, und das, was unweigerlich kommt, sich vermischen, womöglich wanke ich eines Tages um 8 Uhr morgens aus der Disco direkt zur Prostatauntersuchung. Aber noch scheint Letzteres so weit weg, noch schlucke ich eher Aspirin gegen Kater als Granufink gegen Blasenschwäche, noch will ich meine Sneakers nicht gegen Herrenslipper tauschen.

Ich darf das, den 68ern sei Dank. Denn waren nicht sie

es, die die tradierten Rollenmuster aufgebrochen und das Erwachsenwerden von bürgerlichen Normen befreit haben? Reife und Selbstfindung sind längst relativ, denn finde ich mich heute nicht, finde ich mich gewiss morgen. Wenn nicht, auch nicht so schlimm.

Anfang 20 hatte ich wesentlich konkretere Vorstellungen davon, wie mein Leben aussehen könnte, als dies heute der Fall ist. Damals war für mich klar, dass dem zügig beendeten Studium rasch ein guter Job, eine Familie und eine feste, am besten eigene Bleibe folgen sollten. Jetzt gibt es ihn nicht mehr, diesen Masterplan. Und darüber bin ich noch nicht mal unglücklich, denn von all dem, was an seine Stelle getreten ist, möchte ich nichts missen. Nur: Wie lange trifft diese Aussage noch zu?

Ein Kumpel, er ist etwa in meinem Alter, wurde kürzlich Vater. Ich kannte ihn als einen sehr aktiven Teilnehmer am Berliner Nachtleben, und als ich ihn fragte, wie er denn seinen neuen Lebensabschnitt mit den alten Gewohnheiten zu vereinen gedenke, antwortete er: «Weißte, Markus, mittlerweile kenne ich wirklich jedes Arschloch in jedem Scheißclub dieser Stadt. Irgendwann reicht's dann auch mal.»

An meiner Erziehung und meinem familiären Umfeld kann es nicht liegen. Meine Eltern haben mir prima vorgemacht, wie es funktionieren kann. Klar, andere Generation, könnte man jetzt anführen, aber selbst mein Bruder, drei Jahre jünger als ich, und meine Cousinen, auch allesamt jünger als ich, haben den oben erwähnten Masterplan straff in die Tat umgesetzt. Manchmal überkommt mich ein gewisses Bedauern, dass es bei mir nicht so ist, allerdings kann ich nicht sagen, ob sich dieses Bedauern eher darauf gründet, das alles schlicht-weg nicht zu haben, oder eher auf ungestillte Neugierde, weil es sich dabei um Dinge handelt, die ich im Gegen-satz zu vielen anderen noch nicht ausprobieren konnte. Somit wäre der Wunsch, als Zeichen des Erwachsen-seins eine Familie zu haben, nicht so wahnsinnig weit entfernt von dem, was mich immer noch dazu treibt, ständig neue Arschlöcher in neuen Scheißclubs kennen-zulernen. Wahrscheinlich besteht aber auch ein signifi-kanter Unterschied zwischen Großstadt- und Landleben. Meine Freunde von damals, die nicht wie ich weggezo-gen sind, verstehen mit ihrem Haus, ihren Kindern und ihrem Hund vermutlich gar nicht, was eigentlich mein Problem ist.

Wegziehen, weggehen – ein wichtiger Punkt. Bis zum heutigen Tag konnte ich immer abhauen, wenn es mir irgendwo irgendwie nicht gefiel. Einfach weiter, nächste Stadt, nächste Beziehung, nächster Job, und bis jetzt hatte ich das große Glück, dass dies ohne größere Flurschäden für mich und andere über die Bühne ging. Und so ist mein Leben kein Lernprozess mit einem greifbaren Er-gebnis, sondern eine Aneinanderreihung von gemachten Erfahrungen, die ich in mir horte und auf die ich klein-teilig zurückgreife, wenn guter Rat mal wieder teuer ist. Doch was genau ist es denn, das ich da so pflege?

Wenn man bei Wikipedia «Jugend» eingibt, erscheint dort: «In die Jugendzeit fällt die Pubertät, das Ende der

Schulzeit, der Beginn der Berufsausbildung, die Abna-
belung vom Elternhaus und die Identitätsfindung. Deswegen wird die Jugendzeit sowohl vom Jugendlichen,
der sie durchlebt, als auch von den Eltern als nicht ganz
einfach angesehen.» Fürwahr, es gibt Erstrebenswerteres.
Allerdings, die Pubertät habe ich hinter mir, die Schulzeit ebenso, arbeiten tu ich auch schon eine ganze Weile,
vom Elternhaus bin ich längst abgenabelt, und sogar die
Identitätsfindung verlief abgesehen von kleineren Irrita-
tionen zufrieden stellend. Wenn all das also abgehakt ist,
stellt sich die Frage, was das denn für eine Jugend ist, die
ich da lebe. Oder, um den Gedanken mal weiterzuspin-
nen: Klaue ich der eigentlichen Jugend ihre Exklusivität,
indem ich noch immer Bereiche besetze, die mir aufgrund
meines Alters längst nicht mehr zustehen? Wo ist die
Alterspolizei, wenn man sie braucht? Vielleicht sollte man
auf CDs, DVDs, Bücher und an Clubeingängen (am besten
zusätzlich noch bei Klamottenläden und beim Friseur)
nicht mehr ‹Ab 18›, sondern eher ‹Bis 29› schreiben, dann
wäre der Jugend ganz schnell wieder das Gefühl gege-
ben, eine eigene Generation zu sein, und auch mir wäre
damit endlich in die Herrenslipper geholfen.
Sollte ich in fünfundzwanzig Jahren immer noch bei MTV
moderieren, dürft ihr meinem Zivi gerne sagen, dass er
mich rausschieben soll. Aber keine Angst, das wird nicht
passieren, ich werde schon noch erwachsen.

TOP FOURTY

Ich wurde gerade 40. Trotzdem spiele ich noch in der Sandkiste. Ist das schlimm?

1967 kam die Kinderschokolade auf den Markt. 1967 kam auch ich auf den Markt. Seit dem 27. Juni 2007 bin ich 40. Ein Alter, das für mich vor gar nicht allzu langer Zeit – lassen wir es zwanzig Jahre sein – kein Alter, sondern eine Utopie war. 40, das waren die Eltern, die Onkel, Tanten und alle anderen, mit denen man nicht spielte, weil man doch andere Interessen hatte.

Jetzt bin ich selbst so utopisch alt und habe es immer noch nicht so richtig von diesem großen Spielplatz runtergeschafft. In diesen Tagen schrieben einige Magazine über mich, sie gratulierten – oder soll ich sagen? – kondolierten mit Überschriften wie «Der Hobbyjugendliche» oder «Beruf: Jugendlicher» und spielten dergestalt auf die vermeintliche Diskrepanz zwischen meinem Alter und meinem Haupterwerb an. Kann ich nachvollziehen. Ich dachte auch nicht, dass ich mit 40 noch Fernsehen für Leute mache, die halb so alt sind wie ich bzw. meine Kinder sein könnten. Ich frage mich in diesem Zusammenhang allerdings oft, was da die Henne und was das Ei ist. Bin ich immer noch bei MTV, weil ich eben so bin, wie ich bin, also offenbar nicht wie der handelsübliche 40-Jährige, oder bin ich einfach hängengeblieben, weil MTV mein Erwachsenwerden behindert hat?

Der Übergang von «etabliert» zu «tragisch» ist ein flie-
ßender und gerade für den Betroffenen ein schwer zu
greifender. Ich weiß, dass ich die Leute, die diesen Sender gucken, ernst nehme, egal, wie alt oder jung sie sind.
Ich weiß, dass ich meinen Job ernst nehme. Ich weiß,
dass mich immer noch diese Neugierde hinsichtlich
Musik und Menschen treibt, dass ich mindestens noch
genauso weit von einem – nennen wir es mal – ruhigen,
bürgerlichen Leben entfernt bin wie mit 20, und doch
weiß ich auch, dass es genügend mahnende Beispiele für
das klassische «Hat-den-Schuss-nicht-gehört» gibt, und
das verunsichert mich. Ich frage mich, ob ich in meinem
Leben jemals an einen Punkt gelangen werde, wo ich
sage: «Das war früher, da war ich noch ganz schön
durcheinander, aber jetzt bin ich ja alt und weise und
vernünftig.»
Neulich bin ich auf einer Geburtstagsparty gelandet,
bei der ganz viele Leute in meinem Alter waren. Die
haben sich dann – und manchmal treffen Klischees
auf schmerzvolle Art und Weise zu – so lange über ihre
Kinder, Aktienfonds, Golfhandicaps, Autos und Boote
unterhalten, bis mir schlecht wurde. Ist nicht meine
Welt. Nun muss natürlich nicht jeder mit 40 wahlweise
ein Wichser oder Langweiler sein, dennoch stelle ich
fest, dass ich genau drei Freunde in diesem meinem
Alter habe, die meisten sind um die 30, einige auch deutlich darunter. Vielleicht bilde ich mir das auch ein, aber
ich habe den Eindruck, dass, anders als früher, sich
Menschen weniger wegen des (gleichen) Alters fin-

den als vielmehr wegen gleicher Interessen. Auf einer Anime-Messe scherzen angemalte 14-Jährige mit einem 40-Jährigen im Häschenkostüm, beim Tomte-Konzert geht es altersmäßig bei 15 los und hört mit Ende 40 erst auf. Auf beiden Seiten spart man sich Sprüche wie «Was will denn der Opa hier?!» bzw. «Darf das Gemüse überhaupt schon so lange aufbleiben?!». Alterslosigkeit als Chance, alles kann, nichts muss. Wäre ja noch schöner, wenn ich nur noch bei After-Work- oder 80er-Partys reingelassen werden würde und bei Raves und Indie-Konzerten draußen bleiben müsste.

Ich bin auch noch ganz gut zu Fuß und tanze bisweilen sogar. Oder anders: Der Körper macht noch mit. Treppensteigen hoch in den fünften Stock bringt mich zwar etwas aus der Puste, aber das ist bei jemandem, der raucht, trinkt und überhaupt keinen Sport macht, auch nichts Außergewöhnliches. Ich habe aber noch keine dritten Zähne und auch noch alle Haare auf dem Kopf, und obwohl sich die Bandscheibenvorfälle in meinem Umfeld häufen, denke ich auch hier, dass da so bald nichts ansteht, weil's eben noch nirgends knirscht und zwickt. Aus einer Laune heraus habe ich mir allerdings einen Tag nach meinem Geburtstag meine erste Anti-Falten-Creme gekauft. Das Design des Produkts hat mich angesprochen, und 12 Euro sind nix. Ob ich die Pampe jetzt regelmäßig benutze, steht allerdings wieder auf einem ganz anderen Blatt.

Ich habe meinen 40. Geburtstag auch nicht wirklich gefeiert. Stattdessen verdrückte ich mich mit meiner

Freundin für zwei Tage nach Mallorca. Zwar auch, um
Diskriminierungsversuchen und Spontanfestivitäten zu
entgehen, in erster Linie aber, um am Meer zu sein, weil
das für mich das größte Geschenk ist, außerdem habe ich
das Gefühl, seit 30 nicht mehr signifikant älter geworden
zu sein. Also war der 27. Juni 2007 für mich ein Tag wie
jeder andere. Es kam auch niemand auf die Idee, mir
einen Fonds, ein Boot, ein Haus, einen Kinderwagen,
eine Angel, einen Golfschläger oder ein «Ich bin 40,
bitte helfen Sie mir über die Straße»-Shirt zu schenken.
Meine Eltern meinten lediglich, dass ihnen die Tatsache,
dass ich jetzt 40 bin, nachdrücklich vor Augen geführt
hätte, dass sie selbst nicht mehr ganz so jung seien. Aber
hey, 61 bzw. 64 ist doch kein Alter, das werden meine
Eltern auch so sehen, wenn wir 2047 zusammen meinen
80. Geburtstag feiern. Ein Lebenserwartungsrechner im
Internet spuckte nämlich aus, dass ich 86 werde, und ich
hab bei der Eingabe meiner Daten null geschummelt!
Wenn sie bei der Kinderschokolade mal wieder ein neues Gesicht brauchen: Ich bin dabei!

WILLST DU MEINE FRAU WERDEN?

Früher war ich ein regelrechter Diplomverlober.

Das hat sich mittlerweile geändert.

Ich bin ja schon ein bisschen älter. Insofern ist es nicht verwunderlich, dass in meinem Bekanntenkreis die Leute heiraten, als gäbe es kein Morgen. Ich war da auch mal ziemlich fixiert drauf, das hat sich mittlerweile allerdings aus verschiedenen Gründen gelegt. Früher war ich sehr angetan von der romantischen Komponente einer Heirat, weswegen ich auch ein richtiger Diplomverlober war. Zweieinhalb Eheversprechen stehen auf dem Konto, doch sie sind weit weg, fast scheint es, als wären sie aus einem anderen Leben. Einzig die Erkenntnis, dass Verlobungen offenbar auch nicht mehr das sind, was sie mal waren, hat sich in die Jetztzeit rübergerettet.

Aufgrund meiner Erziehung war ich der Ansicht, dass man, wenn man mal eine gewisse Zeit miteinander verbracht hat, auch zusammenbleibt. Ich machte also meiner ersten richtigen Freundin nach zwei Jahren glücklichen Zusammenseins so eine Art Antrag. Silvester 1989 fragte ich sie: «Sollen wir heiraten?» Sie sagte: «Au ja!» Ich steckte ihr einen Ring aus dem Kaugummikasten an, wir küssten uns und gingen wieder zurück auf die Party. Wir waren beide Anfang 20 und fanden die Aktion gleichermaßen romantisch und unserem Alter entsprechend crazy genug, um nicht allzu sehr ins spießbürger-

liche Fahrwasser zu geraten. Dass wir jetzt so ein bisschen verlobt waren, haben wir schnell vergessen, und
obwohl wir noch weitere viereinhalb Jahre zusammen
sein sollten, wurde von einer tatsächlichen Hochzeit nie
gesprochen.

Ähnlich war es bei Verlobung Nummer zwei. Ein paar
Jahre älter und ein paar Mark reicher, schaffte ich
es diesmal sogar, einen amtlichen Ring aufzutreiben.
Aus Silber, innen rein waren in Rot die Worte «For the
Lovers» graviert, zum Einsatz kam das Ding nach einem
Jahr Beziehung. Das Mädchen ahnte wohl, was ihr
blühte, denn ich buchte spontan einen Wochenendtrip
nach Rom, schickes Hotel, romantisches Abendessen,
danach auf die Stufen einer Kirche gesetzt und zu ihr
gesagt: «Ich fände es super, wenn wir für immer zusammenbleiben würden.» Ich holte den Ring raus, das Mädchen fing an zu weinen und meinte: «Ich auch.» Nicht
mal ein halbes Jahr später blieb auch in diesem Fall
leider nur festzustellen: Außer Spesen nichts gewesen.
Na ja, vielleicht war der Ring ja auch immer noch zu
billig, beim nächsten Mal musste also ein richtiger Klun-
ker her. Wieder mal war ich sehr verliebt, und ich war
an jenem wunderschönen Frühlingstag geschäftlich in
New York. Aus dem Central Park spazierte ich mit Sonne
im Herzen direkt in die 5th Avenue, in der ich dann wie
gebannt vor dem Schaufenster von Tiffany stehen blieb.
Frühstück bei Tiffany war immer schon einer meiner
Lieblingsfilme gewesen, und so war es für mich gleich
in mehrerlei Hinsicht aufregend, plötzlich vor dem welt-

berühmten ‹Diamond Case› zu stehen, schier geblendet von der Strahlkraft einiger hundert Karat. Ein Solitär-Diamant-Verlobungsring von Tiffany, amtlicher geht's nicht! Hier! Der da! Ein wunderschöner Stein in Goldfassung! Was kostet der? 75000 Dollar. Autsch. Na ja, ein kleinerer Stein tut's auch. Der da? Ui, immer noch 10000? Was kostet der, sagen wir mal, zweitkleinste Stein? 1500 Dollar. Alles klar, kauf ich. Und so bestieg ich mit immer noch qualmender Kreditkarte, aber auch glücklich und voller Vorfreude den Flieger nach Hause. Sie holte mich am Flughafen ab. Während meiner Abwesenheit hatte sie was mit einem anderen Typen, noch im Auto wurde Schluss gemacht.

Den Ring schenkte ich meiner Mutter zu ihrem 60. Geburtstag. Sie weiß um seinen ursprünglichen Zweck, findet das aber nicht weiter tragisch und trägt ihn deswegen stolz bei besonderen Anlässen. Ist ja auch wirklich ein sehr schöner und wertvoller Ring, den ich, und das ist auch klar, nicht für das nächste Zielobjekt meiner Verlobungsobsession bunkern konnte. Das es seitdem auch nicht gab. Denn wenn ich eins gelernt habe, dann das, dass Verlobungen das Papier nicht wert sind, auf dem sie nicht gedruckt sind. Gegenseitiges Eheversprechen ... pah!

Wobei es schon wieder kurz zuckte, als mein Freund mir gestern erzählte, wie er seiner Liebsten einen Antrag machte und sie auf die Frage «Willst du mich heiraten?» dreimal verzückt «Ja! Jaaa! Jaaaaa!» ausrief. Dabei hatte er sich vorher so ins Hemd gemacht, ob der Angst, dass sie nein sagen könnte. Er machte auch etwas, das ich nie tat, weil ich es nicht auf dem Schirm hatte: Er hielt beim Vater seiner Freundin um deren Hand an. Hätte ich vielleicht auch mal machen sollen, die Väter hätten ihren Töchtern was erzählt!

Ich muss nicht mehr heiraten. Für immer zusammenbleiben mit ganz großen Gefühlen: ja, aber verloben und ehelichen? Bringt eh nichts. Lindert nicht meine Verlustängste, liefert keine Garantien und kostet nur Geld. Meinen Freunden und Bekannten wünsche ich viel Glück, und natürlich bin ich auch ein bisschen neidisch, aber ich bin raus aus der Nummer.

Glaube ich.

HOCHZEIT MAL ANDERS

Niemand tanzt gerne auf öden Hochzeiten.
Ich schon gar nicht. Ein Plädoyer
für neue Hochzeitsbräuche.

Derzeit heiraten die Leute in meinem Bekanntenkreis
wie die Fliegen. Schon seit zwei, drei Jahren wird ja eifrig
proklamiert, dass man «das jetzt wieder macht» – gerade
in Kreisen, in denen derlei bürgerlicher Quatsch traditionell verpönt war.

Damit bekommt die Unternehmung «Hochzeitsfeier»
aber plötzlich auch eine ganz andere Note. Bis dato
hatte ich den Eindruck, dass die Hochzeiten, denen ich
beiwohnte, sich nicht groß von den Festivitäten der eigenen Eltern unterschieden. Es gibt da ein paar Dinge, die
eben schon immer so gemacht wurden, die haben sich
vor dreißig Jahren bewährt und waren, na ja, lustig, und
damit niemand durcheinanderkommt, wird das eins zu
eins übernommen. Das geht schon mit der unsinnigen
Regel los, dass beim Junggesell(inn)enabschied der
Mann unbedingt Titten, die Frau unbedingt strippende
Typen sehen muss.

Am großen Tag selbst ereilt das Brautpaar dann mit
aller Gewalt der Gästelistenterror, denn natürlich mussten auch einige Leute eingeladen werden, auf die man
überhaupt keinen Bock hatte. Hysterische Kreischtanten,

tumbe Cousins und einen Altnazi-Großonkel hat fast jeder irgendwo in seiner Familie versteckt. Zarte Versuche, diese Weddingcrasher gezielt nicht einzuladen, werden allerdings von den Eltern gerne mal mit Sprüchen wie «Das kannst du nicht machen. Punkt. Ende der Diskussion!» abgebügelt. Es geht also nie darum, wen man denn gerne aus aufrichtiger Wertschätzung und Sympathie beim vermeintlich wichtigsten und schönsten Tag seines Lebens dabeihaben möchte, sondern einzig und allein um den Verwandtschaftsgrad. Bis zur dritten Ecke werden einfach alle eingeladen, egal, ob man sie in seinem Leben vorher schon mal gesehen hat. Die besten Freunde und liebsten Kollegen müssen als persönliche Note reichen, basta.

Ähnlich unflexibel gestaltet sich dann auch der Ablauf der Veranstaltung. Nach der Trauung auf dem Standesamt oder in der Kirche geht es dann erst mal zum Mittagessen, danach zwei Stunden Blabla und Rumgeeiere, gegen 15 Uhr stehen Kaffee und Kuchen auf dem Plan, danach erneut Hängen im Schacht, bis um 19 Uhr das Abendessen serviert wird. Unterbrochen wird das Gelage nur von allerlei aberwitzigen Hochzeitsspielchen, von denen es zwar irrsinnig viele (es sind 70 000 Einträge zu diesem Thema bei Google gelistet), allerdings kaum geistreiche gibt. Noch schlimmer: Reden, Vorträge und Gedichte, die fast ausnahmslos den Anschein erwecken, als hätte man sie irgendwo kopiert oder runtergeladen und lediglich die Namen der Protagonisten ausgetauscht. Wenn Tante Trudi dann mit einem abgegriffenen

Klarsichtordner aufkreuzt, in dem sich noch auf einer Schreibmaschine getippte, bunte Blätter befinden, weiß man, dass man die Scherzchen, die sie gleich macht, schon mal irgendwo gehört hat.

Richtig finster wird es endgültig, wenn die Musi zum Tanz aufspielt. Um ein konsensfähiges Programm zu garantieren, bleibt als letzter Ausweg oft nur eine professionelle Hochzeitskapelle, so richtig mit schlechtsitzenden Klamotten, vollautomatischem Midi-Keyboard, Drumcomputer, einem saulustigen Frontmann und den garantiert beschissensten und durchgenudeltsten Songs der letzten fünfzig Jahre im Repertoire. Dies alles führt dazu, dass die Hochzeit weniger der glücklichste als vielmehr der anstrengendste und nicht selten auch kostspieligste Tag im Leben des Brautpaares ist.

Doch das muss nicht so sein, wie ich spätestens seit Samstag weiß.

Man kann z. B. anstatt in einem muffigen Gasthaus auch in einem stillgelegten Jahrhundertwendebahnhof feiern, in dem die Gäste auch gleich übernachten können.

Ein paar von den Eingeladenen mitgebrachte Torten und Salate reichen zusammen mit dem Spanferkel und Getränken als Festtagsmenü vollkommen aus.

Zudem war das Animations- und Showprogramm das charmanteste, warmherzigste und rührendste, das ich jemals bei einer Hochzeit erlebt habe. Ein Diavortrag der Väter (Kinderfotos der Heiratenden sind immer ein Bringer), augenzwinkernde Adaptionen von Quizshows wie *Familienduell*, *Wer wird Millionär?* oder *Herzblatt* mit kecken Fragen und Antworten, ein selbstgedrehter Film des Brautpaares sowie etliche spontane Reden und Aktionen der Gäste sorgten zusammen mit regelmäßigen Schnapsrunden und einem extrem geschmackssicheren DJ für eine wunderbare Feier. Es fühlte sich die ganze Zeit so an, als wäre man nicht in erster Linie bei einer Hochzeit, sondern vielmehr auf einer spitzenmäßigen Party. Dazu braucht es dann natürlich schon entspannte Eltern, Tanten und Onkel, die sich entsprechend zurücknehmen und verinnerlicht haben, dass das Brautpaar glücklich sein soll und so eine Veranstaltung eben nicht dazu da ist, die Verwandtschaft zu bauchpinseln.

Nur eine Sache fand ich nicht so gut: Während bei den eher traditionellen Hochzeiten die unverheirateten Damen engagiert nach dem geworfenen Brautstrauß hechten, hatte man hier das Gefühl, als käme eine tote Ratte auf die Ladys zugeflogen, so sehr wichen sie zurück, weil: fangen gleich uncool. Deswegen landete das Ding beim ersten Versuch auf dem Boden und beim zweiten in den Armen von einer, die sowieso in ein paar Wochen heiratet und nicht mehr rechtzeitig ausweichen konnte.

DURCH DIE NACHT

Einer meiner Lieblingsläden hat wiedereröffnet.

Und die Anmachen sind immer noch dieselben.

Gestern öffnete in Berlin nach fast zwei Jahren Absenz der legendäre Club Cookies wieder seine Pforten. Was 1994 in einer Kellerbar in Mitte begann, mauserte sich innerhalb von zehn Jahren zu einem der wichtigsten und besten Clubs, die es in Deutschland je gab. Von Anfang an war das Konzept: Die Location wird regelmäßig gewechselt, rein kommt nicht jeder, und am Wochenende wird sowieso gar nicht erst aufgemacht. So traf sich also dienstags und donnerstags die Berliner Party-Boheme, um bis zum Morgengrauen zu DJs wie Sven Väth, Westbam, Miss Kittin, Ricardo Villalobos, Chemical Brothers und allen anderen, die Rang und Namen haben, zu tanzen und im Unisex-Klo Anschluss zu finden. All diese Menschen einte, dass ihnen der nächste Tag scheißegal war. Selbst wenn man arbeiten musste, bekam man das schon irgendwie hin, denn schließlich spielt das Leben nicht dort, wo man das Geld verdient, sondern dort, wo man zu Hause ist. Und das Cookies war (und ist jetzt hoffentlich wieder) die Heimat für all diejenigen, deren Identität durch das Nachtleben bestimmt ist.

Dazu gehöre ich mit Sicherheit auch. Nahezu alles, was in meinem Leben gut und wichtig ist, hat seinen Ursprung in der Nacht – die Inspiration für das, was ich tagsüber tue, kommt genauso daher wie fast alle Beziehungen, die ich führ(t)e. Und so stand ich dann also im Cookies, umgeben von all den Eulen, die wie ich seit weit über zwanzig Jahren in die Disco gehen und damit nicht aufhören wollen und können.

Vielleicht rede ich mir das auch nur schön, aber irgendwie habe ich das Gefühl, als würde einen das Feiern konservieren. Na ja, zumindest scheint man, ähem, jung im Geiste zu bleiben. «Für den Scheiß bin ich jetzt echt zu alt» ist jedenfalls ein Satz, der mir höchst selten über die Lippen kommt. Gut, wenn Leute Ende 10, Anfang 20 am Sonntagnachmittag immer noch bei einer Afterhour rumturnen oder sich im Igluzelt drei Tage und Nächte ein Festival geben, muss ich da nicht unbedingt mehr dabei sein, aber für Lass-mal-schön-kochen-zu-Hause fühle ich mich noch viel zu jung.

Klar bereitet einem die an den Orten der Nacht verbreitete Oberflächlichkeit Qualen, andererseits betrachte ich es manchmal als großen Sport und erstklassige Unterhaltung, inmitten all der polierten Hedonisten nach Authentizität und Tiefe zu suchen – was für mich persönlich leider ein bisschen schwieriger geworden ist, seit man mein Gesicht kennt. Damit sind die Signale, die für gemeinhin gegenseitig ausgesandt werden, einigermaßen torpediert. Das, was hinter den Augen ist, das, was der Körper spricht, das, was der Mund erzählt, ist erst mal egal, weil man nur das Etwas vom Fernsehbildschirm ist. Das war gestern im Cookies nicht anders, weswegen die drei meistgehörten Sätze des Abends folgende waren:

«Na, kennste mich noch?»

Obwohl ich ein sehr gutes Gesichtergedächtnis habe, kann ich mich beim besten Willen nicht an alle Menschen erinnern, mit denen ich einmal in meinem Leben fünf Minuten gesprochen habe. Das tut mir dann immer schrecklich leid, weil ich mir doch alle Namen und Gesichter und Geschichten merken will, es will mir jedoch nicht gelingen. Ich bitte, mir das nachzusehen. Ist nichts Persönliches. Meistens zumindest.

«Im Fernsehen siehst du aber größer aus!»

Der Klassiker. Ich bin 170 Zentimeter klein. Ich weiß, das Fernsehen lässt einen größer erscheinen, weil einem komplett die Relation fehlt und die Kamera eher von unten kommt. Ich dachte früher auch, dass Hänschen Rosenthal von Dalli, Dalli! mindestens zwei Meter misst. Den Satz habe ich in den letzten Jahren an die tausendmal gehört, und obwohl ich mit meiner Körpergröße im Reinen bin, macht er mich mürbe. Aber ich bin nicht böse, weil ich weiß, dass jeder, der ihn zu mir sagt, denkt, er wäre der Erste und Einzige, der ihn sagen würde.

«Im Fernsehen siehst du aber dicker aus!»

Neu in der Toplist. Da weiß ich noch nicht so recht, was ich davon halten soll. Mal ein Wörtchen mit Regisseur beziehungsweise Kameramann reden? Oder einfach froh sein, dass ich «in echt» schlanker bin? Liegt wahrscheinlich aber auch daran, dass diese LCD-Flachbildschirm-Glotzen mittlerweile so verbreitet sind. Wenn man die Bildeinstellung «Automatisch breit» wählt, staucht das so. Und da MTV nicht in 16:9 sendet, sollte man lieber 4:3 wählen, da ist der Kavka dann ein wahrer Strich in der Landschaft.

Aber all das war egal, denn irgendwann tauchte ein alter Freund von mir auf, einer, mit dem ich auch schon vor zwanzig Jahren in der Disco war. Der ist mittlerweile Parapsychologe, spiritueller Heiler und Schamane. Seine Ahnenforschung hat ergeben, dass die Geschichte seiner Familie erstaunliche Parallelen zu der von Kurt Cobain aufweist. Weitere Themen: Heavy Metal hören als Kriegsersatzhandlung, Ausgehen als Selbstfindungsprozess und Kunst, weil im Cookies immer ein Bild von Igor Paasch hing, auf dem auf einer 2 x 2 Meter großen Leinwand in riesigen Lettern das Wort «Ficken» stand. Ach, das Cookies. Schön, dass du wieder da bist.

LIEBER PAPA, LIEBE MAMA ...

... ihr seid jetzt über 60,

auf euren Nachttischen türmen sich die Medikamente.

Sollte ich mir Sorgen machen?

Vergangenes Wochenende habe ich meine Eltern besucht. Leider passiert das viel zu selten, vielleicht so vier- bis fünfmal im Jahr, und dann auch nur immer für wenige Stunden. In der Regel habe ich beruflich irgendwas in Bayern zu tun, und bevor ich dann zurück nach Berlin fliege, hetze ich nochmal kurz in die Nähe von Ingolstadt, um Mama und Papa in den Arm zu nehmen und nachzusehen, ob es ihnen auch gutgeht.

Sie sind beide Anfang 60, und langsam nehmen die Wehwehchen zu und der Aktionsradius ab. Wenn man mit Anfang 20 von zu Hause weggeht, sind auch die Sorgen um die Eltern noch weit weg. Sie gehen arbeiten, verreisen regelmäßig und müssen allenfalls hin und wieder zum Zahnarzt.

Zwanzig Jahre später ist die Situation eine andere. In der Küche und auf den Nachttischen türmen sich kuriose Medikamente, Pillen, die für oder gegen Dinge sind, von denen ich keine Ahnung habe und über die meine Eltern nicht gerne sprechen, schließlich soll ich mir keine unnötigen Sorgen machen. Es sind dies die Übergangsjahre, in denen das Blatt sich wendet – nicht mehr die Eltern sind für die Kinder da, sondern die Kinder für die Eltern. Na ja, sollten zumindest. Aber jedes Mal plagen mich aufs Neue Sorgen, ein schlechtes Gewissen und eine dumpfe Melancholie, wenn ich meinen Leihwagen aus dem Hof des Hauses manövriere, in dem ich aufgewachsen bin, zum Flughafen brettere und kurze Zeit später dann da lande, wo ich wohne, im 600 Kilometer entfernten Berlin. Mama und Papa haben mich in den sechs Jahren, die ich dort lebe, einmal besucht, zu Mamas Geburtstag. Da kamen sie mit dem Bus, so eine Art Pauschalreise, bei der sie in einem Hotel weit draußen in Lichtenberg am Tierpark untergebracht waren und tagsüber, während ich arbeiten musste, eine Stadttour machten, bei der es eine Menge zu entdecken gab, weil meine Eltern zuvor nur einmal in ihrem Leben in Berlin waren, und das lange vor der Wende.

Es tat mir leid, dass ich sie nicht bei mir unterbringen konnte, aber meine Wohnung ist nur ein Raum ohne Zwischenwände, und ich hab nicht mal eine zusätzliche Matratze. Abends waren wir dann im Il Casolare, Berlins Punkrockpizzeria. Das fanden sie ganz lässig, draußen an Biertischen diese leckeren, wagenradgroßen Pizzas zu essen, wie früher, als die Familie inklusive meines drei Jahre jüngeren Bruders Jahr für Jahr in den Sommerferien mit dem Wohnwagen zum Union-Lido-Campingplatz in Cavallino bei Jesolo abdampfte. Das fehlt mir – wie so vieles, das man nicht mehr zurückholen kann, zum Beispiel auch diese bezaubernde Sorglosigkeit, mit der meine Eltern anschließend in die U-Bahn in Neukölln (!) stiegen, um zum Hotel zurückzufahren, damit ich, der am nächsten Tag früh aufstehen musste, auch ja rechtzeitig ins Bett kam.

Ich bin mir nicht sicher, ob meine Eltern wirklich ganz genau wissen, was ich die ganze Zeit so tue. Sie sehen mich jeden Tag im Fernsehen, und weil ich auch relativ selten anrufe, ist das für sie notgedrungen eine ganz probate Art, meine Befindlichkeit zu überprüfen. Besonders meine Mutter hat ein untrügliches Gespür dafür, wie es mir geht. Sie sieht, ob meine Augen strahlen oder trübe sind und hört ganz genau auf die Zwischentöne in meinen Moderationen, und wenn etwas nicht in Ordnung zu sein scheint, habe ich sie spätestens fünf Minuten nach der Sendung am Telefon, sei es auch nur, um ausgeschimpft zu werden, weil ich schon wieder den schwarzen Pulli mit dem Loch unterm Arm trage, Lügengeschichten erzählt oder geflucht habe.

Meine Eltern kennen mich so gut wie sonst niemand, obwohl sie seit mehr als zwanzig Jahren nicht mehr Bestandteil meines Alltags sind. Aber es ist nicht wichtig, was auf meiner Visitenkarte steht, womit genau ich mein Geld verdiene, was ich für Musik höre, wie ich mich anziehe, wie meine Wohnung aussieht, was ich esse und mit wem ich mich rumtreibe. Wichtig ist vielmehr dieses einzigartige Gefühl zwischen ihnen und mir, und das ist da, und es ist warm und geht niemals weg. Und wenn ich sie mal besuche, möchte ich auch gar nichts über Einschaltquoten, Leistungsdruck, Oberflächlichkeit, Enttäuschungen oder Autounfälle erzählen, weil all diese Dinge mir nicht zuletzt wegen der unkonditionierten Liebe, die meine Eltern mir geben, nichts anhaben können. Dann möchte ich viel lieber Geschichten aus unserem Dorf hören, die Mama und Papa beschäftigen, nämlich warum mein Cousin und seine Frau sich getrennt haben, der neue Pfarrer so unbeliebt ist und der Kirchenchorleiter schon nach so kurzer Zeit wieder das Weite sucht. Ich will wissen, wer gestorben ist und wer von meinen ehemaligen Grundschulklassenkameraden geheiratet, Kinder bekommen oder sich getrennt hat.

Meine Eltern denken dann immer, dass mich das, gemessen an meinem ja sonst so glamourösen Leben, entsetzlich langweilen würde, aber genau das Gegenteil ist der Fall, weil ich mich, je schneller sich bei mir alles dreht, umso mehr nach den so ganz anderen Realitäten und Prioritäten in einem kleinen bayerischen Dorf sehne. Umso kurioser, dass sich beides bei meinem letzten Besuch vermischte, weil da in der Lokalzeitung *Donau Kurier* nicht nur ein Interview mit mir abgedruckt war, sondern auch ein Foto meines Papas, der eine Ehrung seines Vereins bekam, sowie noch eins vom Kirchenchor, auf dem meine Mama zwar fehlte, was aber nichts daran änderte, dass meine Eltern tags darauf von 5000 Leuten auf die Präsenz der Familie Kavka in den regionalen Medien angesprochen wurden. Es hat eine halbe Stunde gedauert, bis sie sich den Weg durch die Menschenmassen vor der Kirche bahnen konnten, um in den Sonntagsgottesdienst zu gelangen.

Dann kommen noch meine Tante und mein Onkel vorbei, die 500 Meter weiter wohnen, und meine Tante hat Kuchen und ganz viel Marmelade gemacht, die ich nicht mitnehmen kann, weil das im Flieger mit dem Handgepäck jetzt immer so ein Zirkus ist, was sie ja nicht wissen können. Aber egal, diese Nahrungsmittel- und Süßigkeitengrundversorgung kann und will ich ihnen gar nicht austreiben, genauso wenig wie das Spritgeld, das meine Mutter mir zum Abschied immer so halb heimlich in die Hosentasche steckt, weil das eben Dinge sind, die Eltern mit ihren Kindern machen.

Die Sachen, die Kinder mit ihren Eltern machen, können noch lange warten. Ich bin mir nämlich sicher, dass sie noch ganz lange gesund bleiben, und selbst wenn sie es irgendwann nicht mehr sind, dann werde ich nicht zulassen, dass sich jemand anderer als mein Bruder, meine Tanten und Onkel und ich uns um sie kümmern, genau so, wie sie das auch mit ihren Eltern gemacht haben, da war von einem Alters- oder Pflegeheim nie die Rede.

WO WOLLT IHR ALLE HIN?

In Berlin sind die Leute so gehetzt.

Immer auf der Jagd nach der nächsten Telefonnummer

oder dem besseren Job.

Dabei suchen sie alle nur eine Heimat.

Meine Schwägerin ist in diesen Tagen in Berlin. Ja, ich habe eine Schwägerin, weil mein um drei Jahre jüngerer Bruder im Gegensatz zu mir verheiratet ist. Er hat auch schon ein Haus gebaut, unweit des Örtchens, in dem er und ich aufgewachsen sind und in dem meine Eltern immer noch leben.

Wenn man sich in Berlin herumtreibt, ist in vielen Gesprächen, die man mit den Getriebenen des Nachtlebens und der Café-Boheme führt, von «Heimat» die Rede. Kaum einer hier hat eine, weil die alte verloren und die neue noch nicht gefunden ist. Alle kommen von irgendwo, ein Irgendwo, in das sie nicht wieder zurückwollen, und alle warten sie darauf, dass diese Stadt sie endlich mal freundlich umarmt und «Herzlich willkommen!» sagt. So etwas machen Großstädte in der Regel aber nicht, schon gar nicht Berlin. Berlin ist viel zu groß, viel zu hart und viel zu kalt, außerdem muss hier jeder selbst gucken, wo er bleibt.

Als ich 2001 in diese Stadt kam, ließ ich mich erst mal

in Friedrichshain, dem Junge-Leute-Zuzieh-Bezirk
Nummer eins, nieder. Inmitten von Studenten aus aller
Herren Bundesländer, sprießender orientalischer und
asiatischer Imbisskulturen und einiger übrig gebliebe-
ner Ostberliner versuchte ich, mich zu Hause zu fühlen.
Klappte nicht. Weil es vor der Haustür ein so vielfältiges
Animationsprogramm gab und man auch gerne mit
anderen Heimatlosen abhing, sah es nach zwei Jahren
in meiner Wohnung immer noch so aus, als wäre ich erst
vor kurzem eingezogen. Damals ging es dann los, dass
mein Heimweh mich dazu trieb, merkwürdigen, senti-
mentalen Retro-Quatsch zu veranstalten.
Ich fahndete nach Getränkemärkten, die bayerisches
Bier (vorzugsweise Augustiner) verkauften, verschwen-
dete unfassbar viel Energie darauf, halbwegs essbare
Laugenbrezeln und Leberkäs-Semmeln sowie eine
Kneipe zu finden, in der am Samstag nicht das Spiel von
Hertha BSC, sondern das von Bayern München geguckt
wurde. Das alles half natürlich nichts, weil ich schnell
feststellen musste, dass ich mit «zu Hause» etwas ganz
anderes als mein Heimatdorf meinte. Und obwohl ich
gerne meine Eltern besuche, bayerisch rede und esse,
will ich auch nicht mehr dorthin, weil es mir dort zu
klein ist, weil es dort keine Discos gibt und weil dort
alle so leben, wie ich es nie wollte. Dass man deswegen
aber alle Wurzeln rausreißen muss, wollte ich auch nicht.
Man fängt irgendwann an zu rennen, erst durchs
Studium und dann durch Jobs in verschiedenen Städten,
man rennt durch Beziehungen, wird immer schneller,

die Beine wollen einen nicht mehr tragen, aber man kann nicht mehr aufhören zu rennen, weil da vorne ja noch was sein könnte, das man tunlichst auch zügiger als die anderen erreichen sollte. Hup-hup, aus dem Weg! Und wer die lautere Hupe hat, hat Vorfahrt, und wer schneller Schluss macht, hat gewonnen. Es ist ein Wettrennen ohne Sieger, und jede Großstadt, besonders Berlin, ist ein Circus Maximus voller Verlierer.

Ist es ein Problem dieser Generation? Ist aus der Generation der Mobilen die Generation der Heimatlosen geworden? Dafür spricht, dass selbst so mancher, der in Berlin geboren ist, mindestens genauso schnell durch das Leben in dieser Stadt rennt, wie das all die Schwaben, Bayern, Rheinländer et cetera hier tun. So schnell, wie im Handy neue Nummern gespeichert werden, kann man die alten gar nicht mehr löschen, und wenn man einen großen Speicher besitzt, hat man bald zur Hälfte aller Nummern kein Gesicht mehr. Und wer sind eigentlich die Leute, denen man über ein paar Wochen hinweg viele Mails geschrieben hat, können die jetzt mal raus aus «Gesendete Objekte», oder was?

Vielleicht wäre es einfacher, wenn man sich jeden Namen, der einem mal etwas bedeutete, tätowieren lassen müsste, dann wäre bei zwei Quadratmetern Haut schnell Schluss mit dem inflationären Vorne-rein-hinten-raus. Das ist irre, denn eigentlich will ja hier keiner dem anderen etwas Böses. Alle wollen sie geliebt werden, aber weil jeder geliebt werden will, hat auch jeder Angst, dass nicht genug für alle da ist. Man sieht dann nicht mehr den Freund, sondern nur noch den Feind, und auch wenn man mal kurz am See zusammen in die Sonne blinzelt oder in großer Runde kocht, wird das nur als trügerischer Waffenstillstand wahrgenommen, bevor man sich wieder ins Getümmel stürzt.

Genau so würde ich das immer noch machen, wenn nicht vor zwei Jahren der Begriff Heimat wieder seiner ursprünglichen Bedeutung zugeführt worden wäre, nämlich: Home is where the heart is.

Wenn nämlich nicht vor dreieinhalb Jahren ein Mensch in mein Leben getreten wäre, der meinen Kühlschrank mit frischen Sachen füllte und meine Wohnung nicht nur wie eine aussehen ließ, in der überhaupt jemand wohnt, sondern auch noch wie eine, in der ein Junge und ein Mädchen glücklich zusammen sind, dann würde ich mir heute immer noch die Hacken nach Brezeln, Bier und Zuneigung abrennen.

Gut, dass ich das alles zugelassen habe. So kommt's nämlich, dass mein Bruder und ich gleichermaßen ein Zuhause, eine Heimat haben. Denn am Ende sind es immer die Menschen und nicht die Stadt, die einen in den Arm nehmen und «Herzlich willkommen» sagen. Und überhaupt war es hier mal höchste Zeit für eine Liebeserklärung.

DENK AN DEINE RENTE!

Ich hatte in diesen Tagen einen Termin,

den ich zwanzig Jahre lang hinausgezögert habe.

Einen Termin bei meiner Bank. Ich spare jetzt.

Seitdem ich Geld verdiene, wanderte dieses stets ohne Umschweife auf ein zinsloses Girokonto. Da lag es dann rum, bis ich mal wieder Lust hatte, mir etwas Sinnloses zu kaufen. Zusammen mit dem Dispo, den ich skrupellos zu meinem Guthaben dazurechnete, hielt ich mich beispielsweise für liquide genug, um zeitweise gleich zwei Autos zu besitzen. Wenn diese Autos, die zwar hübsch und günstig in der Anschaffung sind, dann ständig kaputt sind und einem im Unterhalt die Haare vom Kopf fressen, wenn man darüber hinaus noch «vergisst», Steuern zu zahlen und dann auch noch die Bank unnachgiebig den Ausgleich des Dispos fordert, werden erst mal EC- und Kreditkarte vom Automaten nicht mehr rausgerückt, anschließend folgt eine Flut unangenehmer Schreiben, am Ende steht man mit einem Bein im Knast.

Diese Erfahrung aus den Jahren 1994 bis 2001 hätte mich lehren sollen, mit Geld etwas behutsamer umzugehen. Allerdings verhält es sich so, dass Zaster für mich nur einen Wert hat, wenn ich mir etwas davon kaufe, und zwar sehr zeitnah. Zum Wert und Sinn, den ein Vermögen in zehn oder zwanzig Jahren haben könnte, hab ich kein Verhältnis. Das ist mir zu abstrakt.

Nun bin ich aber vor ein paar Wochen 40 geworden, und aus diesem Anlass fragten mich meine Eltern (und nicht nur sie) einmal mehr, wie ich denn mein Leben im Alter, das ja nicht mehr in so weiter Ferne liegt, zu finanzieren gedenke. Meine Antwort, und es ist seit zwanzig Jahren die gleiche: «Na ja, wird schon noch was übrig sein ...» Doch diesmal wurde nachgehakt: «Wie viel denn?» – «Keine Ahnung.» – «Dann geh doch mal zu deiner Bank und frag.»

Gut, fragen kostet ja nichts, und so vereinbarte ich einen Termin mit dem Mann, der auf meinen Kontoauszügen unter «Ihr persönlicher Betreuer» vermerkt ist – einen Mann, den ich in den über zehn Jahren, die ich bei dieser Bank bin, noch nie zu Gesicht bekommen habe, der zwar vor gut einem Jahr mal sporadisch versucht hatte, mich zu einem Gespräch einzuladen, dann aber aufgab, weil ich in dieser Angelegenheit chronisch nicht zurückrief.

Schon die Bank zu betreten fühlte sich merkwürdig an. Normalerweise wickle ich sämtliche Finanzangelegenheiten am EC-Automaten oder per Online-Banking ab, selbst die Herrschaften am Schalter bekomme ich daher kaum zu Gesicht. Dann aber noch unten im Foyer in Empfang genommen zu werden und in den zweiten Stock des Gebäudes zu meinem Berater gebracht zu werden – Kaffee und Kekse im Vorzimmer inklusive –, war mir eindeutig ein bisschen zu viel Bank auf einmal.

Klemmiger als beim Urologen, saß ich mit schweißnassen
Händen auf der vordersten Kante des Stuhls, in banger
Erwartung der niederschmetternden Nachricht, wie arm
ich mit 65 sein würde.

Dabei hatte ich sogar wacker versucht, mich im Vorfeld
schlauzumachen. Ich las die Wikipedia-Einträge zu
«Rente» und «Riester-Rente», kapitulierte aber nach wenigen Zeilen, weil ich stattdessen genauso gut den For-
schungsbericht einer chinesischen Atomwissenschaftler-
vereinigung hätte studieren können. Ich kaufte mir das
Stiftung-Warentest-Sonderheft «Altersvorsorge», aber
auch jenes verschwand nach ein paar verwirrt durchge-
blätterten Seiten im Altpapier. Ob der Bankmann weiß,
was er für eine Riesenverantwortung hat? Es wird diesen
Termin aller Wahrscheinlichkeit nach nur ein einziges
Mal geben. Ich werde zu allen Dingen, die mein Berater
vorschlägt, «Ja!» sagen, daran nie mehr etwas ändern
und gleichzeitig davon ausgehen, ein wohlhabender
Rentner zu sein. Wenn nicht, ist mein Berater schuld.

«Schön, dass es mal klappt mit uns, Herr Kavka. Jetzt
gucken wir erst mal, wie hoch Ihre zu erwartende Rente
ist. Haben Sie bei einer anderen Bank ein Sparkonto
oder ein Depot?» Nein. «Haben Sie eine Immobilie?»
Prust! Nein! «Gut. Bei Ihrem derzeitigen Gehalt kommen
Sie dann, wenn man den Wertverlust des Geldes berück-
sichtigt, auf eine ungefähre Rente von 1000 Euro.»
Zack, das hat gesessen! Eintausend Euro. So wird das
nichts mit meinem großen Traum von einem Haus am
Meer, in dem ich es mir nach getaner Arbeit zum Le-

bensausklang gutgehen lasse. Stattdessen heißt es unter diesen Vorzeichen wohl eher: Ab ins Heim!

Und selbst die Tafel Schokolade, die ich meinen Kindern und Enkeln, sollte ich jemals welche haben, aus Dankbarkeit über ihren Besuch mitgeben will, muss ich mir vom Mund absparen. Ich sollte ein paar Tapes (DVDs, MPEGs) meiner Sendungen aufbewahren, sonst glauben die nie, dass der Opa mal im Fernsehen war, von dem es doch heißt, dass es einem die Rente sichert. Das mag für Günther Jauch, Thomas Gottschalk und Florian Silbereisen zutreffen, für Markus Kavka allerdings nicht.

Am Tag nach dem Banktermin hatte ich im Zuge meines Fernsehdaseins ein Fotoshooting. Für ein Magazin, das eine Geschichte zum Bundesligastart macht, wurde ich in einer typischen Kreuzberger Fußballeckkneipe im Trikot meines Lieblingsvereins abgelichtet. Es war 12 Uhr mittags, in den dunklen, muffigen Räumlichkeiten saßen etwa zehn Gäste. Am Tisch neben mir hatte es sich ein älteres Paar gemütlich gemacht. Vor dem Mann lag mit *Bild*, *B.Z.* und *Berliner Kurier* die geballte Berliner Boulevardladung ausgebreitet, seine Frau arbeitete sich derweil durch einen Stapel Kreuzworträtselhefte. Sie machten einen sehr glücklichen Eindruck, scherzten unablässig und fragten mich schließlich, ob sie ein Autogramm haben könnten, weil ich offenbar ja «irgendwie berühmt» wäre.

Aus den Lautsprecherboxen dudelte in diesem Moment «Am Tag, als Conny Kramer starb» von Juliane Werding. Das Paar sang mit. Und als ich den Text dieses zweifelsfrei großartigen Songs hörte, diese tieftraurige Ballade über den Drogentod des besten Freundes, fiel mir mit einem Mal der unterschwellige Grund für meine ablehnende Haltung gegenüber Altersvorsorge ein: Als großer Fan von The Who hatte ich einst eine Textzeile aus «My Generation» etwas zu sehr verinnerlicht. «I hope I die before I get old» lautet sie, und sie war seit über zwanzig Jahren dafür verantwortlich, dass «Alter» als Zustand nicht Teil meines Lebensentwurfs war. In ihm zählte nur heute, morgen und vielleicht noch nächste Woche.

Jetzt ist das mit einem Mal anders, mit meinem frischen «Ansparplan» und meinen vielversprechenden «Rentenfonds». Schließlich will ich in zwanzig Jahren auch mal bei Juliane Werding mitsingen.

DON'T COME BACK!

Warum eigentlich beschließen so viele Bands, lange nach Zenit und Auflösung nochmal ein Album rauszubringen? Eine Ursachensuche.

Ich warte immer noch auf die erste Band, die bei ihrem Comeback besser als zu Zeiten ihres ersten Wirkens ist. Die letzte Ernüchterung diesbezüglich lieferten Smashing Pumpkins bei ihrem bedauernswerten Rock-am-Ring-Auftritt. Diese zusammengecastete Band mit nur zwei Urmitgliedern in ihren doofen weißen Wallawallagewändern wirkte wie eine schlechte Coverband des Originals. Weg war die Magie, die Billy Corgan und sein Anhang noch Anfang bis Mitte der 90er verstrahlten, das Progrockmäßige Gegniedel verhallte stattdessen in einem großen, seelenlosen Nichts.

Derlei Schicksale scheinen den ebenfalls in die Jahre gekommenen Rest der Musikerkollegenschar nicht abzuschrecken. Im Gegenteil, die Comebackwelle rollt: Im Sommer suchten uns Genesis heim, diese Woche sind es The Police, und sogar Led Zeppelin gehen wieder auf Tour. Warum tun die das?

Es gibt ja so ein paar Lieblingsgründe, die in so einem Fall gerne mal vorgeschoben werden: «Wir haben der Welt noch was mitzuteilen», «Wir sind im Streit auseinandergegangen und verstehen uns jetzt besser als jemals

45

zuvor» oder, schon aufrichtiger: «Uns war langweilig.»
Am ehrlichsten und deswegen auch am seltensten aus-
gesprochen wäre allerdings: «Wir machen es wegen
der Kohle.» Stewart Copeland, neben Andy Summers
das zweite, im ewigen Schatten des alles überstrah-
lenden Sting stehende, ewige Ex-Mitglied von The
Police, gab ungewöhnlicherweise sogar zu, dass das
«Geld natürlich ein Faktor für die Wiedervereinigung»
war – was angesichts der Tatsache, dass die Band allein
bei ihrer US-Tour über 100 Millionen Dollar kassierte,
allerdings auch nicht wie die total überraschende Offenbarung wirkt. Auch hierzulande füllen The Police
Stadien, und das, obwohl ihr Zenit bereits zweieinhalb
Jahrzehnte zurückliegt. Aber klar, die Fans von früher
sind noch jung genug, um am Leben zu sein, und der
Umstand, dass es zahllose Radiosender gibt, die mit
«den größten Hits der 70er, 80er, 90er Jahre und dem
Besten von heute» werben und Songs wie «Message In
A Bottle», «Every Little Thing She Does Is Magic» oder
«Every Breath You Take» nicht in Vergessenheit geraten
lassen, sorgt zusätzlich dafür, dass 50000 Leute und
mehr um die 100 Euro für ein Ticket abdrücken und
dorthin rennen.
Auch bei Genesis war das so, und das, obwohl Ur-
Mitglied Peter Gabriel gar nicht mit von der Partie war.
Der hält sich, nach eigener Aussage, «zu alt für diesen
Scheiß». Seine drei Ex-Kollegen Collins, Rutherford und
Banks nicht, auch wenn Letzterer im Interview auf die
Frage, warum auf der Tour denn nicht die epischen

70er-Jahre-Stücke aufgeführt werden, Folgendes antwortete: «Das Zeug ist total schwer zu spielen. Rein physisch betrachtet. Das überlassen wir lieber den jungen Typen der Genesis-Coverbands. Epen wie ‹Supper's Ready› erfordern Kräfte, die man mit Mitte 50 nicht mehr besitzt.»

Dafür haben die Besucher der Konzerte sicherlich vollstes Verständnis. Nicht zuletzt sind deswegen bei derlei Veranstaltungen auch die Sitzplätze lange vor den Stehplätzen ausverkauft. Aber man geht ja dort auch nicht hin zum Stagediven oder Slamdancen, sondern um sich ganz gediegen in die gute alte Zeit zurückbeamen zu lassen, sich nochmal jung zu fühlen, nostalgisch zu sein und mit Sicherheit auch nicht enttäuscht zu werden, weil: Bei solchen Bands weiß man schließlich, was man hat. Da spielt das Sicherheitsdenken der Nachkriegsgeneration eine große Rolle.

Warum aber sind die Comebacks der Rockdinosaurier-Bands um so vieles erfolgreicher als beispielsweise jene von ehemaligen Stars aus den 90ern? Die erneute Heimsuchung von Tic Tac Toe, Spice Girls und No Angels brauchte aus naheliegenden Gründen keine Sau, dass allerdings auch die Wiederbelebungsversuche von ehedem wegweisenden Bands wie den Pixies, Rage Against The Machine oder den bereits erwähnten Smashing Pumpkins weitestgehend unspektakulär versandeten, wirft doch ein paar Fragen auf.

Liegt es am medialen Overkill und der damit stetig reduzierten Halbwertszeit von Bands? Erinnert sich schon niemand mehr daran, wer vor zehn Jahren mal gut und wichtig war? Ist Pop- und Rockmusik mehr denn je eine Momentaufnahme als ein Jahrzehnte überdauerndes Statement? Tatsache ist, dass kaum mehr eine Band genügend Zeit bekommt, um Fuß zu fassen und sich zu entwickeln. Wenn die erste Platte floppt, kommt auch keine zweite. Und überhaupt, Platten, CDs und so ist eh Kram von gestern, heiß ist nur der Scheiß aus dem Netz, und da gibt es jeden Tag hundert neue geile Sachen zu entdecken. Selbst eine Truppe wie The Strokes, die 2001 mit ihrem ersten Album *Is This It?* als Retter des Rock 'n' Roll ausgerufen wurde, ist mittlerweile eigentlich durch. Der Musikmarkt hat sich so verändert und ist so schnelllebig geworden, dass kaum noch jemand mitkommt. Insofern müssen sich Bands wie Genesis, The Police oder auch die untoten Rolling Stones für so manch einen wie rettende Bremsfallschirme anfühlen.

Hier mal eine kleine Auflistung von weiteren Bremsfallschirmen, die allein in den nächsten Wochen in Berlin spielen: Gorilla Biscuits (87–91, Comeback 2006), Nitzer Ebb (82–95, Comeback 2006), Take That (90–96, Comeback 2005), Crowded House (85–96, Comeback 2007), Radio Birdman (76–78, Comeback 2003), Siouxsie (mit The Banshees 76–96 aktiv, Comeback 2007), Ten Years After (67–74, Comebacks 89 und 2004), Led Zeppelin (68–80, Comeback 2007), darüber hinaus geben sich nach dem Motto «Unkraut vergeht nicht» auch Phillip Boa, Wishbone Ash, Erasure, Joe Cocker,

Rod Stewart, Foreigner, Willy de Ville, Psychic TV, Boney M., Chris Norman, Temptations and Four Tops, Motörhead, New Model Army, Ratt, The Fuzztones, Karat, Keimzeit und die Puhdys die Ehre.

MUSIK UND ICH

In den letzten zwanzig Jahren gab es immer Musik, die mich begeistert hat. Heute aber finde ich irgendwie nichts mehr. Geht es euch auch so?

Ich habe mir zu meinem 40. Geburtstag einen iPod gewünscht. Und weil ich ja schon recht alt bin und in den vielen Jahren meines Daseins einige Platten angehäuft habe, sollte es auch gleich der ganz große mit 80 GB sein, damit möglichst viel draufpasst.

Jetzt, drei Monate später, bin ich bei 1023 Songs und bekomme das Ding ums Verrecken nicht voller. Wenn ich das jetzt mal so grob überreiße, befinden sich auf den von mir gehorteten Tonträgern etwa 50 000 Tracks, aber offensichtlich finde ich davon nur jeden fünfzigsten (noch) gut, und selbst bei denen ist es schon so, dass ich im Shuffle-Modus bei mindestens der Hälfte der Stücke genervt weiterdrücke.

Sehr ernüchternd das, aber ein eindeutiger Beleg dafür, dass ich mich zunehmend schwer damit tue, Musik zu finden, die mich berührt, begeistert, bewegt. Musik, die ich nicht einfach nur höre, weil sie okay ist und weil sie ein bisschen so klingt wie andere Sachen, die ich gut finde, sondern mich inspiriert und glücklich macht. Musik war immer eines der wichtigsten Dinge in meinem Leben. Mit 10 kaufte ich mir meine erste Platte, und seitdem war der Gang zum Laden stets aufregend und besonders. Selbst die Tatsache, dass ich seit über zwanzig Jahren Musikjournalist bin, vermochte nicht, mir dieses Vergnügen madig zu machen. Klar wurde man gerade in den 90ern, als es den Plattenfirmen noch so richtig gutging, mit Promo-CDs zugeschissen, aber trotz des übergroßen Inputs nahm ich nie davon Abstand, mir Musik, die mir etwas gibt, sofern erhältlich, auf Vinyl zuzulegen und lieb zu haben.

Und ich habe immer etwas gefunden, das neu und aufregend und anders war. Mich auf einen Stil festzulegen war nie mein Ding. Ich habe zudem Musik seit jeher als Kunst im Fluss begriffen, weswegen es grundsätzlich ausfiel, in vermeintlicher Ermangelung spannender neuer Acts auf alten Kram aus den 80ern zurückzugreifen, jener musikalischen Epoche, die mich gewiss am meisten prägte.

Es machte Spaß, alles zu hören, natürlich über die Jahre mit wechselnden Schwerpunkten, aber jetzt, anno 2008, habe ich keine Lust mehr, alles zu hören, weil ich kaum mehr etwas so richtig mag. Sollte ich tatsächlich zu viel Musik aufgesaugt haben? Sind meine Ohren zugesuppt? Kann ja eigentlich nicht sein, dass es keine coolen neuen Sachen mehr gibt. Oder bin ich einfach zu doof, sie zu entdecken? Helft mir doch mal, ihr pfiffigen Leser. Ich sag euch, was ich in den letzten dreißg Jahren gut fand, und ihr sagt mir, was ich heute und morgen gut finde.

1977

Erste selbstgekaufte Platte, *Dancing Queen* von Abba. Es folgt die Zeit, in der ich, na ja, so etwas wie Abba-Fan bin und mir drei Alben von ihnen zulege. Mein Wunsch, Agnetha würde mich zum Mann machen, bleibt unerfüllt.

1978 – 1979

Ein bisschen Charts, ein bisschen Disco, ein bisschen Sex Pistols, weil die Älteren im Dorf die mögen, parallel entsteht meine erste Faszination für elektronische Klangerzeugung. Ich lege mir fast alles von Jean Michel Jarre und Kraftwerk zu.

1980 – 1982

Von da ist es nicht mehr weit zum Synthiepop, der ersten Musikrichtung, die mich richtig begeistert und bei der ich das Gefühl habe, dass sie nur für mich erfunden wurde. Visage, Ultravox, Soft Cell, OMD, Blancmange, Heaven17, Human League, Cabaret Voltaire und natürlich Depeche Mode (übrigens die einzige Band, die ich ohne Unterlass während der letzten 25 Jahre gehört habe) sind meine Helden. «Blue Monday» von New Order ist eine musikalische Offenbarung.

1983 – 1986

Es wird zunehmend düsterer. The Cure werden zu meiner Lieblingsband, um sie scharen sich andere Mollmeister wie Joy Division, Bauhaus, Christian Death, Dead Can Dance, Cocteau Twins, Sisters of Mercy, Siouxsie and The Banshees, Cassandra Complex, Red Lorry Yellow Lorry, Alien Sex Fiend, Killing Joke, Fields

of the Nephilim, auch den EBM- und Industrialkram
von Bands wie Front 242, Trisomie 21, Skinny Puppy,
Psyche, Nitzer Ebb, Einstürzende Neubauten, In the
Nursery, Laibach oder SPK höre ich gern, dazu, wenn
gelächelt werden soll, britischen Pop von Prefab Sprout,
Pet Shop Boys, Talk Talk und Tears For Fears.

1987 – 1988

Meine Begeisterung für elektronische und / oder düstere
Musik lässt nach, stattdessen muss es krachen. Sonic
Youth, Swans, Killdozer, Big Black und andere amerika-
nische Lärmspezialisten sind meine neue Leidenschaft.
Wenn ich zwischendurch mal Lust auf Melodie habe,
sind es in erster Linie New Order, The Smiths, The Jesus
and Mary Chain, The Cult, Spacemen 3, My Bloody
Valentine und die Pixies.

1989 – 1993

Von wenigen Ausnahmen abgesehen regieren jetzt end-
gültig Gitarren. Ich entdecke Slayer für mich und lande
davon ausgehend schnell bei Napalm Death, Carcass,
Autopsy und dem ganzen anderen Grindcore-Gemetzel.
Für die softeren Stunden gibt's Grunge von Mudhoney,
Soundgarden, Nirvana, Pearl Jam, Screaming Trees und
Alice in Chains. Auch Hardcore von Prong, No Means
No, Fugazi, Black Flag etc. oder Crossover von Bands
wie Faith No More, Red Hot Chili Peppers und Biohazard
sind ein Thema, dazu ein bisschen Hip-Hop von Public
Enemy, De La Soul, N. W. A. und Cypress Hill sowie Brit-
Rave von Charlatans, Primal Scream, Happy Mondays
und Stone Roses. Aus Gründen der Allgemeinbildung

beschäftige ich mich außerdem mit Urvätern wie den Beatles, Led Zeppelin, Black Sabbath, Neil Young und The Doors. Zwischendurch verirre ich mich auf erste Techno-Raves, verstehe das Ganze aber noch nicht.

1994 – 1997

Die Britpop-, TripHop- und Drum-'n'-Bass-Jahre, oder anders: England! In dieser Zeit erscheinen ein paar meiner Lieblingsalben. Platten, die ich heute noch regelmäßig höre, u. a. *Urban Hymns* von The Verve, *OK Computer* von Radiohead, *(What's the Story) Morning Glory?* von Oasis, *Everything Must Go* von den Manic Street Preachers, *Ladies and Gentlemen We're Floating in Space* von Spiritualized, *Dummy* von Portishead und *Blue Lines* von Massive Attack. Aufenthalte in Clubs kommen einem Zirkeltraining gleich, da ich den Ehrgeiz entwickle, bei Drum 'n' Bass auf den Beat und nicht auf die Bassline zu tanzen. Am besten finde ich die düsteren Sachen von No-U-Turn und Metalheadz. Musik, die nicht dein Freund sein will und deswegen umso mehr Spaß macht.

1998 – 2006

Die Minimal-Techno-Jahre, garniert mit einigen wenigen handverlesenen Gitarrenstücken. Drum 'n' Bass ging so schnell, wie er kam, und wird zügig abgelöst von der 4 / 4-Bassdrum, was sicherlich begünstigt wird durch meinen Umzug von München nach Köln, der damaligen Minimal-Hauptstadt. Ich hänge jeden Freitag bei «Total Confusion», dem Partyabend der Kompakt-Blase im Studio 672, rum und lass auch sonst kaum eine Techno-

Party aus. Ich merke, wie mir Gitarrenmusik offenbar zwanzig Jahre lang die Gehörgänge verschlackt hat, und sehne mich nach auf das Nötigste reduzierter Musik. Ich mag auch keine Vocals mehr, weil ich es nicht mehr ertrage, ständig was vorgesungen zu bekommen. Stattdessen genieße ich es, die minimalen Musikfragmente selbst mit Bildern, Interpretationen und Geschichten anzureichern. Pro Monat schafft es im Schnitt nur noch eine Gitarrenplatte, mich umzuhauen. Die jeweils ersten Alben von The Strokes, Maximo Park, Kaiser Chiefs, The Killers, Bloc Party, Editors, Feist, Arctic Monkeys, Franz Ferdinand, Interpol usw. finde ich bombe, die Nachfolger schocken alle schon nicht mehr so richtig. Da halte ich es dann doch eher mit Hot Chip, Junior Boys, Erlend Oye, Zoot Woman, Air, The Streets, Chemical Brothers, Underworld, Boards of Canada und anderem Electronic-Listening-Zeugs oder verlässlichen Helden wie Nick Cave, Johnny Cash, Blumfeld, Tocotronic, Mazzy Star und Depeche Mode.

2007

Ich möchte nicht so weit gehen und sagen, dass sogar Minimal Techno mich langsam langweilt, aber irgendwann geht's einfach nicht noch minimaler, weswegen jetzt auch mal wieder gerne Chords, Flächen, Melodien und sogar vereinzelte Vocals in den Tracks auftauchen dürfen. Es gibt in diesem Jahr noch keine einzige Rock-Platte, die mich richtig weggeblasen hätte. Klar finde ich einige sehr gut, aber sie bescheren mir lange nicht mehr solche Glücksmomente, wie Gitarrenmusik das schon mal vermochte. Ich habe auch kein Bedürfnis, die alten Platten wieder rauszuziehen. Musikalischer Historismus war nie meins, aber irgendwas muss jetzt passieren. Oder bin ich jetzt in dem Alter, in dem man anfängt, Jazz oder Klassik zu hören?

Herbst 2007

Es ist was passiert. Ich habe tatsächlich eine Platte, eine Musik entdeckt, die etwas mit mir macht, und zwar das Album *Untrue* von Burial. Ich wusste, dass ich irgendwann wieder bei einem Soundtrack zur Apokalypse landen würde. Das hier ist einer, und er berührt mich genau so, wie das meine liebste Musik stets gemacht hat. Ich werde es wohl doch für immer düster mögen.

DAS ASPIRIN-GESPRÄCH

Für manche Interviews braucht man gute Nerven:

ein Gespräch mit Quentin Tarantino

über die drei wichtigsten Dinge der Welt.

Wer ist denn der knuffige Klops im schwarzen Jogging-anzug und dem Wu-Tang-Shirt? Lustig, wie der Oberkör-per beim Gehen hin- und herwackelt. Interessantes Profil auch, das halbe Gesicht besteht aus Kinn, selbst ein Jay Leno wäre neidisch.

Jetzt dreht er sich zu mir. «Hi, I'm Quentin!» Er sieht, nun ja, anders aus als in seinen Filmrollen, aber man kommt gar nicht dazu, sich diesbezüglich allzu viele Gedanken zu machen, denn sofort fixieren einen diese mit kindlicher Begeisterung erfüllten Augen, trifft einen dieser maschinengewehrartige Wortschwall, nimmt einen diese Lache ein.

Quentin Tarantino ist im Haus. Er ist ungewöhnlich früh aufgestanden, um 7 Uhr, um ab 10 Uhr bei MTV drei Interviews zu geben. *Death Proof*, sein neuer Film, ist angelaufen, und Mr. Tarantino hat eine Menge darüber zu erzählen. Als Erster bin ich dran, mit einem auf 35 Minuten angesetzten Gespräch für *MTV Rockzone*. Quentin begrüßt jeden Einzelnen aus der in Ehrfurcht erstarrenden Studiocrew per Handschlag. Er veranlasst noch kurz, dass der Kontrollmonitor von ihm weggedreht wird, weil er sich sonst «die ganze Zeit eitel anglotzen» würde.

Die 35 Minuten sind schnell rum, zu schnell. Ich habe in dieser Zeit gerade mal sieben Fragen gestellt, und wir sind erst mit knapp der Hälfte der Sendung durch. Unfassbar, was der Mann für einen Output hat. Noch nie bin ich mit einer derartig hohen Silbenzahl pro Minute bombardiert worden. Tarantino redet sich in einen Rausch, er umklammert sein Mikro mit beiden Händen, brüllt rein, kichert unablässig, klingt dabei original wie Beavis aus *Beavis & Butthead* und stellt unvermittelt Gegenfragen. Er verlängert die Interviewzeit selbständig um 30 Minuten, die Begleitdamen vom Filmverleih stöhnen.

So scheint das fast immer zu sein. Nach mir ist der Kollege von *MTV Masters* dran, aus seinen 20 Minuten werden 45. Kein Wunder, denn Quentin hatte sich vorbereitet. Das Thema ist «Magic Movie Moments», er wollte deswegen die Fragen am Tag vorher haben – nicht, weil er einzelne davon doof finden könnte, sondern um sich «ein paar Notizen» zu machen. Er zog zwanzig vollgeschriebene Blätter aus der Tasche, es konnte losgehen. Seine Entourage wird langsam unruhig, die nächsten Termine rufen. «Mir egal, ich hab hier grad Spaß!», plärrt er ihnen nach einem zarten «Wir-müssen-langsam» entgegen. Auch der nachfolgende Newsredakteur bekommt statt 10 nun 25 Minuten und schafft es, in dieser Zeit drei Fragen zu stellen. Ich fühlte mich nach dem Interview wie von einem Panzer überfahren, mein Zustand schwankte zwischen Überforderung und Euphorie, ich brauchte erst mal zwei Aspirin. Kurz darauf stand der *Masters*-Redakteur bei mir am Tisch. «Haste mal zwei Aspirin?» Ein paar Minuten später kommt der News-Mann. «Markus, hast du Kopfschmerztabletten?» Quentin war fertig mit uns, fröhlich pfeifend schickte er sich an, es ein paar weiteren Journalisten zu besorgen. Am Abend turnte er dann kein Stück weniger energetisch bei einer Vorführung von *Death Proof* in einem Kino vor und nach dem Film auf der Bühne herum und redete alles in Grund und Boden, ebenso auf der Aftershowparty. Die letzte Sichtung Quentin Tarantinos hatte man schließlich um 5 Uhr morgens, als er fröhlich johlend mit einem Motorboot auf der Spree rumheizte.

Hier nun das komplette Interview. Es ist lediglich um die Passagen gekürzt, in denen wir über die Musikvideos sprachen, die in der Sendung liefen. Ich habe fünf Stunden gebraucht, um es abzutippen. Hat jetzt mal jemand acht Aspirin für mich?

Ausgehend von deinem neuen Film müssen wir unter anderem über drei der wichtigsten Dinge im Leben sprechen – Frauen, Autos und Musik.
Da würde ich dir zustimmen. Das sind die interessantesten Dinge im Leben. Wobei ...
Gut, Sex fehlt noch.
Richtig. Aber das ist unmittelbar in «Frauen» enthalten.
Eigentlich auch in «Autos».
Da hast du recht, definitiv auch in «Autos».

Zunächst mal zu Death Proof. *Würdest du sagen, dass dieser Film dein persönlichster, dein autobiographischster ist?*

Er ist sehr persönlich, allerdings nicht so persönlich wie *Kill Bill*. Abgesehen davon ist jeder meiner Filme persönlich. Sie kommen alle aus meinem Inneren. Obwohl ich diesen Umstand gerne unter einem bestimmten Genre vergrabe, bekommt man doch einen guten Eindruck, wer ich bin und was mir in meinem Leben so passiert ist. Was mich an *Death Proof* am meisten faszinierte, war die Tatsache, dass ich über acht verschiedene weibliche Charaktere schreiben konnte, die eben nichts mit mir zu tun haben, sondern sie selbst sind. Ich bin ein Autor, der in die Charaktere eintaucht, also wurde ich zu diesen Mädchen. Das ist es, wozu ein Autor fähig sein sollte, nämlich nicht immer über sich zu schreiben, sondern sich in die Persönlichkeit anderer zu versetzen. Ich versuche dann, ein anderer Mensch zu werden. Weg von mir selbst, hin zu den handelnden Personen.

Zu den Frauen kommen wir später noch, vielleicht sollten wir zuerst über die ursprünglich geplante Struktur des Films sprechen. Death Proof *und* Planet Terror *von Robert Rodriguez kommen hier getrennt voneinander ins Kino, in Amerika liefen beide Filme unter dem Label* Grindhouse *als Double-Feature. Das Publikum wusste diese Form der Präsentation nicht wirklich zu schätzen.*

Na ja, die wenigen Leute, die zu den Vorstellungen kamen, wussten es schon zu schätzen. Aber stimmt schon, die meisten haben diese Double-Feature-Idee nicht verstanden. Allerdings war es auch nicht geplant, das Grindhouse-Ding weltweit durchzuziehen. Es gibt eigentlich nur drei Länder auf der Erde, die einen Bezug zu Grindhouse haben, nämlich Amerika, England und Japan. In Deutschland zum Beispiel wäre es sinnlos, beide Filme am Stück zu zeigen. Wichtig zu wissen ist in diesem Zusammenhang allerdings, dass die Einzelversion von *Death Proof* 25 Minuten länger als jene im Double-Feature und damit wesentlich näher an dem ist, was ich mit dem Film eigentlich aussagen wollte. Diese Version kommt direkt aus meinem Herzen.

Du hast dich in deiner Jugend viel in solchen Grindhouses rumgetrieben. Das waren ja sehr spezielle, manchmal nicht ganz ungefährliche Orte.

Einige von ihnen waren tatsächlich nicht ungefährlich, was gleichzeitig aber ihren besonderen Reiz ausmachte. Wenn man dorthin ging, wollte man die Gefahr zusammen mit der Eintrittskarte bekommen. Man vermied es, aufs Klo zu gehen, und achtete darauf, sein Zeug immer nah bei sich zu haben. Man sah davon ab, all zu kumpelhaft mit den anderen Leuten im Publikum umzugehen. Ich persönlich trieb mich meistens in den Grindhouses der schwarzen oder mexikanischen Viertel von Los Angeles herum und geriet dort nie in eine wirklich gefährliche Situation. Tatsächlich war es in den Vorstadtkinos weißer Viertel wesentlich ungemütlicher für mich, weil ich es hasse, wenn Leute im Kino quatschen. Ich sagte früher – heute nicht mehr, denn dafür bin ich mittlerweile zu alt – erst mal freundlich «Halt die Fresse!», und wenn das nicht fruchtete, gab's ganz schnell ein paar Schläge auf die selbige. Ich weiß gar nicht, wie oft ich draußen auf dem Parkplatz deswegen in Schlägereien geriet. In den Grindhouse-Kinos war es dagegen so, dass man ausdrücklich erwartete, dass während des Films gelabert wird. Man suchte sich die Filme danach aus, dass es nichts ausmacht beziehungsweise der Streifen dadurch vielleicht sogar noch an Qualität gewinnt.

An welchem Punkt kam eigentlich Kurt Russell als «Stuntman Mike» ins Spiel?
Robert Rodriguez hat *Planet Terror* vor meinem Film gedreht. Er war schon fertig, als ich noch in einer sehr frühen Produktionsphase war. Ich hatte die Rollen der Mädchen schon besetzt, aber ich hatte noch keinen «Stuntman Mike». Ich schrieb endlos lange Namenslisten, allerdings drängte sich niemand so richtig auf. Der Wendepunkt kam, als Robert meinte, er wolle für seinen Film so eine Art John-Carpenter-Stimmung kreieren. Am Set liefen deswegen die ganze Zeit die Soundtracks von *Die Klapperschlange* und *Das Ding aus einer anderen Welt*. *Planet Terror* sollte der Film werden, den Carpenter zwischen den genannten Werken hätte machen können. Irgendwann sagte ich mal: «Wart mal! Was ist eigentlich mit Kurt Russell?!» Er war sofort dabei. Ich finde, er hat einen phantastischen Job gemacht, er ist total mit seiner Rolle verwachsen.

Offenbar auch mit seinen beiden Karren. Autos spie-

len in Death Proof *überhaupt eine große Rolle. Ich denke, dass die Muscle-Car-Modelle aus den späten 60ern und frühen 70ern bewusst gewählt sind.*

Das sind sie. Mike fährt zuerst einen 69er Chevy Nova, später dann einen 70er Dodge Charger. Die Mädchen in der zweiten Hälfte haben einen 70er Dodge Challenger. Am Ende gibt es diese Schlacht zwischen den beiden besten Dodge-Modellen der Muscle-Car-Ära. Der weiße Dodge Challenger der Mädchen ist auch einer der Stars aus einem der besten Autoverfolgungsfilme aus eben-dieser Zeit, nämlich *Vanishing Point*, und genau aus diesem Grund wollen ihn zwei der Mädchen auch un-bedingt haben. Ein Typ in ihrem Nest verkauft einen, und sie arrangieren eine Probefahrt, um einmal Kowalskis Auto zu steuern.

Es fühlt sich also fast so an, als würde damit Kowalskis Karre in meinem Film eine Gastrolle spielen. Bemerkens-wert ist in diesem Zusammenhang auch, dass, wenn man Barry Newman als Kowalski in *Vanishing Point* so sieht, man nie an was anderes als an diesen harten Typen und seine derbe Karre denkt. Männlicher geht's nicht. Im Schneideraum stellte ich bei der Verfolgungsjagd aller-dings fest, dass dieses Auto mit einem Mädchen am Steuer zunehmend feminine Züge bekam.

Die Szene, die du ansprichst, in der Mike mit seinem Dodge den der Mädchen von hinten rammt, wirkt so, als hätten zwei Autos miteinander Sex.

Hm, ich würde es eher als eine Art Boxkampf bezeich-nen.

Na ja, ich finde schon, dass es da ein wenig anal zugeht.

Oho! Hm, jetzt, wo du's sagst ... Ja, du hast zu hundert Prozent recht. In der Verfolgungsjagd am Ende gibt es definitiv Elemente einer Knastvergewaltigung. Alle Karren sind am Schluss komplette Wracks.

Gut, dass diesmal keine von ihnen aus deinem Privatbesitz war, im Gegensatz zu dem roten 64er Chevy Malibu in Pulp Fiction.

Korrekt, der gehörte mir. Eigentlich ist es gar nicht mein Ding, solche Autoklassiker wie die in meinen Filmen auch zu besitzen. Aus irgendeinem Grund habe ich damals aber dennoch diesen zugegebenermaßen sehr schönen Chevy gekauft, obwohl ich ihn gar nicht wollte. Um ehrlich zu sein: Mir ging der Schlitten sehr schnell total auf den Sack. Also hab ich mir gedacht, dass ich ihn für *Pulp Fiction* verwende und ihn dabei schrotte, um ihn endlich loszuwerden. Aber irgendwie überlebte er den Dreh. Ich versuchte schließlich, ihn an jemanden aus der Crew zu verkaufen, aber niemand wollte das Ding, weil keiner sich vorstellen konnte, dass ich so ein schönes Auto nicht selbst behalten wollte, so nach dem Motto: «Da ist doch bestimmt 'ne Macke dran!» Vor ein paar Jahren konnte ich diesen Pickel am Arsch endlich abstoßen.

Was fährst du jetzt?

Bis vor anderthalb Jahren fuhr ich ein und denselben Volvo. Er war runtergerockt, er war verbeult, aber ich fuhr dieses Stück Scheiße gerne. Er war unverwüstlich, du fühltest dich sicher damit, dir war alles egal. Es ist generell prima, ein Auto zu fahren, das einem total am Arsch vorbeigeht. Ich schramme im Parkhaus an 'ner Säule entlang, na und?! Ich ramme beim Zurücksetzen einen Poller? Darauf geschissen! Wenn die Karre jemand klaut? Mir doch egal, herzlichen Glückwunsch auch, jedes andere Auto auf der Straße wäre eine bessere Wahl gewesen, du Deppdieb! Jeder andere Fahrzeugbesitzer hat mehr zu verlieren als ich. 2006 hab ich ihn verschrottet, seitdem macht es mir auch wieder Spaß, besondere Autos zu haben. Mir gehört jetzt zum Beispiel der «Pussy Wagon» aus *Kill Bill.*

Echt? Dezent.

Na klar, Mann, ich lasse doch nicht extra so ein Ding anfertigen, um es dann abzugeben. Ich stehe vielleicht nicht so auf Autos, aber ich stehe unheimlich darauf, die Memorabilia aus meinen eigenen Filmen zu horten. Ich sammle den Scheiß für mein eigenes kleines Museum, das ich irgendwann mal eröffnen werde, vermutlich direkt neben dem Roy Rogers Museum in Branson, Missouri. Gut, jedenfalls habe ich jetzt den «Pussy Wagon», auch wenn ich ihn nicht dazu benutze, den Sunset Strip auf und ab zu fahren und dabei bekloppt rauszuwinken. Aber es macht schon Spaß, wenn man mit ein paar Freunden, darunter auch gerne ein paar Mädchen, Samstagnacht ausgeht, es so langsam Sonntagmorgen wird und die ganze Truppe dann im «Pussy Wagon» vorfährt, um frühstücken zu gehen.

Zurück zum Film. Es gibt bei den Autoverfolgungs-

jagden keine einzige computergenerierte Szene, richtig?

Keine einzige. Ich bin ohnehin kein Fan davon, auch wenn ich einsehe, dass es bei manchen Produktionen etwas bringt. Aber von allem übermäßigen Gebrauch, den man in den letzten Jahren von Computeranimation machte, finde ich jenen bei Autoverfolgungsjagden und Autounfällen am wenigsten tolerierbar. Ich bin in den 70ern mit Autoverfolgungsjagd- und Crashfilmen aufgewachsen. Computeranimation macht bei diesem Genre überhaupt keinen Sinn, vor allem, weil man über zwanzig Jahre lang Leute hatte, die das eisenhart in echt durchgezogen haben.

Das splitternde Glas und verbeulte Blech waren Tatsachen. In diesen Autos saßen Menschen, die ihr Leben riskierten, und genau der Umstand machte doch den Thrill dieser Szenen aus. Wenn so etwas jetzt am Computer gebastelt wird, verstehe ich das nicht, es lässt mich total kalt. In den letzten zehn Jahren hat mich keine einzige Autoverfolgungsjagd beeindruckt.

Für meine stellte ich selbst gewisse Regeln auf. Erstens: Dadurch, dass ich Zoe Bell, die ja eigentlich Stuntfrau ist, als Darstellerin hatte, war gleichzeitig gewährleistet, dass sie alle ihre Stunts selbst macht, ohne Computer, ohne Double. Zweitens: Computeranimation kam überhaupt nicht in Frage. Wenn eine Szene real nicht machbar war, wurde sie eben gestrichen. Drittens: Es sollte auch keine Tricks hinsichtlich der Filmgeschwindigkeit geben, so von wegen langsam fahren und das Ganze im Schnitt schneller machen. Wir fuhren in allen Szenen original zwischen 100 und 160 km/h.

Sind dir die Stuntleute in Hollywood dankbar, dass du ihren Berufsstand rettest?

Ich sag mal so: Die wissen das alle sehr zu schätzen. Zum einen, weil sie merken, dass ich ein großer Verehrer ihres Talents, ihrer Kunst und ihres Mutes bin, zum anderen, weil sie mich als Typen kennen, der keine Lust auf Computerkram hat. Ich hatte beispielsweise für *Kill Bill* eine Verfolgungsszene vorgesehen, von der ich zwar wusste, wie sie am Ende aussehen soll, jedoch nicht, wie das Ganze umgesetzt werden kann. Die Stuntleute wussten es auch nicht. Es gab also nur die Möglichkeit, es einfach zu versuchen, um sich so langsam zum gewünschten Ergebnis vorzuarbeiten. Und glaub mir, es erfordert einigen Mut, Stunts auf Verdacht zu machen, ohne genau zu wissen, ob und wie es funktioniert.

Du hast Zoe Bell bereits erwähnt. Sie gehört zu einer der beiden Mädchencliquen. Mädchen, die sich viel und gerne unterhalten. Dabei klingen sie sehr authentisch. Woher weißt du so genau, wie Mädchen untereinander reden?

Das ist mein Job. Ich bin doch schließlich auch der weiße Typ, der die Erinnerungen einer Geisha niedergeschrieben hat. Es gehört zu meinen wichtigsten Aufgaben, Menschen zu erforschen. Oder, um's kurz zu machen: Ich bin ein guter Autor. In diesem Fall kommt noch dazu, dass ich viele weibliche Freunde habe. Ich hänge regelmäßig mit verschiedenen Mädchencliquen ab, höre ihnen so beim Reden zu und bringe das dann zu Papier. Als Autor brauchst du vor allem ein gutes Gedächtnis. Das habe ich. Manchmal liegen Sachen jahrelang unbenutzt in meinem Gehirn herum. Irgendwann kommt dann der Tag, an dem ich sie gebrauchen kann und wieder raushole.

War es immer schon so, dass du mehr mit Frauen als mit Typen befreundet warst?

Eigentlich nicht. Das trifft nur für die letzten drei Jahre zu. Wobei es sich so verhält, dass, wenn ich mit Frauen abhänge, ich immer gleich mit einer Gruppe von Frauen unterwegs bin, während meine Männerfreundschaften eher so ein Eins-zu-eins-Ding sind, also ich und der andere Typ und keine komplette Bowling- oder Sauftruppe.

Du selbst spielst im Film einen Barmann, der für die Frauen eher ein Kumpeltyp ist und von ihnen nicht als sexuell attraktiv empfunden wird.

Moment, sprichst du jetzt von dir oder mir!? Nein, Quatsch … Tatsächlich ist mein Charakter verheiratet mit der Kellnerin des Ladens, ich kann also die Mädchen nicht angraben. Außerdem: Wer sagt denn, dass sie mich nicht sexuell attraktiv finden? Es gibt zwar keine Szene im Film, in der sie auf mich masturbieren, was aber nicht bedeutet, dass sie es nicht doch tun. Und weißt du was: Sie masturbieren auf mich! Ich bin der verdammte Autor, und ich sage dir, sie masturbieren auf mich! Ich habe mich lediglich dazu entschlossen, das nicht zu zeigen.

Die Typen im Film scheinen den Frauen nicht gewachsen. Außer Mike, zumindest auf seine Art.
Richtig. Eigentlich kommentiert der Film auch nicht unwesentlich das Rollenverhalten von Typen heutzutage. Die Frauen sind um so viel stärker als sie. Ich wollte damit die zunehmende Feminisierung junger Männer aufzeigen, zumindest derer in Amerika.

Ist die Tatsache, dass du Frauen in diesem Film so viel Stärke einräumst, auch ein wenig als Entschuldigung für deine eigenen dreckigen Männerphantasien zu verstehen?
Wenn man einen Grindhouse- oder einen Exploitation-Film macht, bringt es nichts, wenn der Regisseur ein Gentleman ist. Du brauchst jemand, der geil ist. Du willst einen Typen, der Frauen sexy findet, und du willst wissen, was er an ihnen sexy findet. Es ist Standard in Exploitation-Filmen, dass die Weiber sich ausziehen und willig sind. Das ist Teil des Produktes, das du verkaufst. In meinem speziellen Fall präsentiere ich ihre Ärsche, ihre Beine und stecke sie in enge T-Shirts, die ich übrigens selbst ausgesucht habe. Die Mädchen sind echte Granaten, sie sind selbstbewusst und spielen mit den Weichei-Jungs. Doch dann kommt Stuntman Mike ins Spiel, und der ist ganz anders. So einen Typen haben sie noch nie getroffen. Da sitzen also diese großmäuligen und allmächtigen Schlampen aus der ersten Mädchenclique so selbstgefällig da, und plötzlich stampft dieser Dinosaurier herein. Damit kommen sie nicht klar. Das ist das Interessante hinsichtlich des sexuellen Kontextes in

der ersten Hälfte des Films. Die Mädchen in der zweiten Hälfte sind dann natürlich aus anderem Holz geschnitzt.

Du hast eben Ärsche und Beine erwähnt. Hast du die Füße absichtlich weggelassen? Die erste Einstellung im Film sind nackte Mädchenfüße. Dazu weiß seit Pulp Fiction *und* Kill Bill *alle Welt, wie Uma Thurmans blanke Füße aussehen, ganz zu schweigen von denen Bridget Fondas in* Jackie Brown.

Ich mag Mädchenfüße. Sehr sogar. Ich würde mich allerdings nicht als Fußfetischisten bezeichnen. Männer stehen normalerweise auf Titten, ich bin nicht so der Titten-Typ. Aber guck dir zum Beispiel Filme von Sofia Coppola an, da hast du auch ständig Füße. Zwei nackte Füße, dahinter eine Steadycam direkt über dem Boden, das ist aus Regisseurssicht einfach immer eine prima Einstellung. Mache ich gerne, weswegen die Leute langsam sagen, ich hätte da gewiss eine Obsession.

Noch kurz was zu der von dir erwähnten Szene in *Jackie Brown.* Die stand ursprünglich gar nicht im Drehbuch, es ist also nicht so, als hätte ich es darauf angelegt, dass mir beim Abfilmen von Bridget Fondas Füßen einer abgeht – obwohl sie natürlich sehr hübsch sind. Robert de Niro sitzt also da im Sessel, das Whiskeyglas auf der Lehne abgestellt, und Bridget fängt plötzlich von sich aus an, mit ihrem großen Zeh am Glasrand rumzumachen und de Niro zu necken. Auf einmal lag so eine sexuelle Spannung in der Luft, und ich meinte zu Bridget: «Weißt du was: Wenn schon, dann machen wir's richtig geil. Ich hole das scheiß Makro-Objektiv und halte es an den Glasrand. Du stellst dir vor, dass dein Zeh King Kong und das Glas das Empire State Building ist. Los, besteig es, du Schlampe!»

Sie hat es offenbar verstanden.

O ja, sie hat's sofort geschnallt! «Ja, Quentin, ich weiß genau, was du willst» – das waren ihre Worte.

Zur Musik. Wie sieht deine Plattensammlung aus?

Ich habe ein Haus gekauft, in dem vorher eine Familie wohnte. Da gibt es ein großes Schlafzimmer mit angrenzendem Babyraum. Da ich kein Baby habe, funktionierte ich ihn zum Plattenraum um. Ich habe ihn wie meinen eigenen Second-Hand-Plattenladen dekoriert. Dafür habe ich auch Plattenständer bauen lassen, in denen man bequem blättern kann, mit Trennern aus Plastik. Ganz vorne stehen die Künstler, die mir am wichtigsten sind, jene, die über allen anderen Kategorien stehen.

Welche sind das?

Es muss erst mal alles Vinyl sein, deshalb ist nichts Neues dabei. Kate Bush steht da, Bob Dylan, Elvis, Johnny Cash, Richard Prior, George Carlon, die Band, über die ich in *Death Proof* spreche – Dave, Dee, Dozy, Bicky, Mick and Titch, außerdem die Partridge Family, David Cassidy und die Folksängerin Melanie, von der ich großer Fan bin. Dahinter habe ich alles sortiert. Fächer für die 50er, 60er, 70er und 80er und ein kleines für die 90er Jahre. Und danach ist alles in Genres unterteilt. British Invasion, Psychedelic, Soul, Rap, Country, Rockabilly, Novelty, Comedy, Kinderplatten. Das ist eine große Sektion. Dann habe ich eine andere riesige Abtei-

71

lung mit Soundtracks. Die ist nochmal in Unterkategorien geteilt, wie Blaxploitation, Biker-Filme und Agentenfilme. Und natürlich Spaghetti-Western.

Wie viele Platten hast du insgesamt?

Puh, keine Ahnung, ich hab sie nie gezählt. Wenn man mal damit anfängt, sie zu zählen, merkt man wahrscheinlich umso mehr, wie durchgeknallt das alles ist. Jedenfalls habe ich mittlerweile so viele Platten, dass ich sie gar nicht mehr alle einsortieren kann, ich schiebe also ständig irgendwelche Stapel von links nach rechts und wieder zurück.

Hast du gar keine CDs?

Doch doch, ich hab schon ein paar, allerdings gibt es keinen richtigen Ort, an dem ich sie aufbewahre. Hier und da steht mal ein kleiner Stapel herum, aber es sind insgesamt höchstens zwanzig CDs, die ich regelmäßig höre. Ich verliere auch ständig welche. CDs sind für mich ohnehin ein Wegwerfprodukt. Ein paar von ihnen habe ich in zwei Jukeboxes gesteckt. In der einen sind meine privaten Lieblings-CDs, die ich höre, wenn ich allein bin, die andere ist mit HipHop, Soul und Partymusik gefüllt und wird angeschmissen, wenn ich Besuch habe.

Eine andere meiner Jukeboxes, sie heißt Amy, ist auch in *Death Proof* zu sehen. Das ist dieses coole, alte Ding in der Bar, das noch mit Singles arbeitet. In der kompletten ersten Hälfte des Films ist Amy so etwas wie der DJ. Die Songs, die aus ihr kommen, sind allesamt aus meiner privaten 7"-Sammlung und finden sich auch auf dem Soundtrack. Worauf ich in diesem Zusammenhang noch

stolz bin, ist, dass alle Singles, die ich habe, keine Nach-
pressungen, sondern Originale sind. Zwar nicht alles
US-Originale, da schummle ich ein bisschen, aber immerhin europäische Original-Pressungen, weil diese
einfacher zu finden sind, außerdem gibt es in Europa
bessere Plattenläden, vor allem in Stockholm, Amster-
dam, London und Berlin.

*Wie viel Zeit investierst du in die Zusammenstellung
des Soundtracks für deine Filme?*

Im Prinzip beschäftige ich mich schon mit dem Soundtrack, während ich das Drehbuch schreibe. Ich versuche
erst mal, den Rhythmus des Films zu finden. Das ist der
Beat, zu dem der Film tanzen wird. Bei *Pulp Fiction* zum
Beispiel war der Beat Surf-Musik, die klang, als wäre
sie Rock-'n'-Roll-Spaghetti-Western-Musik. Bei *Jackie
Brown* ist es Old-School-Soul. Wenn ich einmal die richtige Nummer für die Eröffnungssequenz gefunden habe,
läuft alles von alleine. Musik ist so wichtig für mich.
Wenn ich manchmal etwas müde beim Drehbuchschrei-
ben werde, gehe ich in meinen Plattenraum und höre
mir Zeug an, bei dem ich schon entschieden habe, es zu
verwenden. Dann stelle ich mir das Publikum vor, wie
es die fertiggeschnittenen Szenen mit der Musik sieht,
wie aufgeregt es ist. Das verschafft mir die richtige
Stimmung, um weiterzuarbeiten.

*Was das gerade von dir erwähnte Müde-und-genervt-
Sein während des Arbeitens betrifft, hört man da von
deinen Darstellern und Mitarbeitern durchaus erfreu-
liche Dinge. Sie behaupten, dass du nie ein Arschloch*

73

bist oder ausrastest, angeblich bist du immer mit Frohsinn bei der Sache. Sagen sie das nur, weil sie auch in deinem nächsten Film dabei sein wollen?

Ich bezweifele, dass ich wirklich so cool bin. Filmen kann sehr stressig sein. Aber trotzdem bin ich dort, um Spaß zu haben. Ich will natürlich meine Arbeit schaffen und meine Visionen umsetzen, aber dabei will ich auch, dass jeder am Set Spaß hat. Ich merke, dass Leute am besten arbeiten, wenn sie eine gute Zeit haben. Aber es kommt durchaus vor, dass mir der ein oder andere Schauspieler mal auf den Sack geht. Da halte ich mich dann zum Wohle eines reibungslosen Drehs zurück und warte, bis das Ganze im Kasten ist. Hin und wieder knöpfe ich mir die Leute dann nachher nochmal vor.

Letzte Frage: Machst du mal irgendwann Pause?

Die hatte ich eigentlich schon, und zwar in der Zeit zwischen *Jackie Brown* und *Kill Bill*, da gönnte ich mir mal ein paar Monate Auszeit. Tatsache ist: Ich schreibe ständig. Derzeit habe ich zwar noch nichts Konkretes, was ich hier jetzt ausbreiten könnte, grundsätzlich ist es aber so, dass meine Arbeit nie ruht. Ich bin bei meinen Filmen sowohl der Drehbuchautor als auch der Regisseur, das gehört für mich auch zusammen. Ich würde niemals das Drehbuch von jemand anderem verfilmen. Jedes meiner Projekte beginnt mit einem leeren Blatt Papier. Von Seite eins an ist alles mein Ding. Ihr werdet es früh genug merken, wie das nächste aussieht.

Wir sind gespannt. Vielen Dank fürs Gespräch.

GEHT ALLE WEG!

Privatradio ist die Hölle.

Und am schlimmsten sind die Moderatoren dort.

Werden die irgendwo geklont?

Ich gebe es zu, ich war auch mal einer von ihnen. Aber damals war das noch nicht so schlimm, ehrlich. Jetzt schon, wie die ganze Nation spätestens seit dem Bundesvision Song Contest weiß. Denn am schlimmsten waren bei dieser Veranstaltung die – Privatradiomoderatoren! Ich frage mich, ob die an einem geheimen Ort geklont werden. Zuerst entführt man aus Schulen die Typen, die ihren Klassenkameraden am meisten auf den Sack gehen, anschließend pflanzt man ihnen einen Sprachchip ein, auf dem Uhrzeit, Wetter und ein kleiner Fundus zotiger Witzchen gespeichert sind, zuletzt verpasst man ihnen noch eine Deppenfrisur, damit sie im Zweifelsfall auch auf Stadtfestbühnen, bei Baumarkteröffnungen und im Fernsehen ein schlüssiges Bild abgeben. Denn da wollen sie ja alle hin: ins Fernsehen.

Deswegen moderieren sie, wenn sie's wie beim Songcontest mal kurz so weit gebracht haben, mit nacktem Oberkörper. Wenn es nur einen Funken Gerechtigkeit gibt, landen solche Flachzangen später mal bei 9Live. Weil es zudem auch NICHT lustig ist, Kim Frank Geld anzubieten, weil er in der *Bild*-Zeitung zugegeben hat, ein bisschen pleite zu sein, Stefan Raabs Co-Moderatorin Johanna Klum mit Gülcan anzusprechen, als Moderatorenpaar rumzuknutschen, weil man «sich schon immer mal im Fernsehen küssen wollte» oder, gähn, so auszusehen wie die Band, die man unterstützt. Alle wollen sie saumäßig witzig sein, dabei ist verglichen mit ihnen selbst Fips Asmussen noch eine echte Gag-Kanone.

Im weiteren Verlauf des Wochenendes war ich im Auto quer durch die Republik unterwegs, und weil der CD-Player meines Leihwagens gesperrt war, musste ich Radio hören. Zugegeben, ich hätte den Deutschlandfunk oder einige öffentlich-rechtliche Sender einstellen können, aber angefixt durch die Eindrücke vom Freitag setzte ich mir konsequent die Privatradio-Hasskappe auf. Offenbar haben sie dort auch nur für mich moderiert, ich wurde nämlich dauernd mit «du» angequatscht: «Wenn du heute Abend noch nichts vorhast, freust du dich jetzt bestimmt über unsere Partytipps», «Flitzerblitzer, dein bester Blitzerservice in Sachsen»,«Du kannst jetzt anrufen und Tickets gewinnen»,«Schön, dass du zuhörst». Ja, schön. Boah, ist das widerlich, diese pseudoverbindliche Schleimscheißerei.

Ich sehe ja ein, dass ein Jugendsender seine Hörer nicht siezt, aber durch das früher verbreitete ‹Ihr›, mit dem die Hörerschaft kollektiv angesprochen wurde, fühlte ich mich längst nicht so bedrängt. Dafür aber weitaus besser informiert, denn der Gehalt der Moderationen beschränkt sich im Wesentlichen auf gestanzte

Senderclaims («Hit Music Only», «Deine Black Music
Station» etc.), die Uhrzeit, das Wetter und «Mein Name
ist ...». Ich will überhaupt gar nicht wissen, wie du heißt,
weil du keine Sachen sagst, die mich interessieren.
Besonders schlimm sind allerdings die sogenannten
«Morning Shows» oder «Morning Crews», denn da sitzen dann die lustigsten Leuchten des Senders am Mikro
und machen vier Stunden am Stück Provinz-Comedy.
Exemplarisch hier mein Lieblingsgag des Wochenendes:
Moderator zu Moderatorin: «Schatz, wach auf, du hast
deine Schlaftabletten noch nicht genommen!» Auch
der Wetterbericht wird nicht humoriger, wenn man ihn
pseudoberlinert und «det Queckie uff sechs Jrad» steigt.
Da kann sich der Co-Moderator noch so vor gekün-
steltem Lachen ausschütten, es hilft nicht.
Zudem kommt vor und nach diesen Bonmots auch immer
Musik, und spätestens da hört der Spaß dann ganz auf.
Erschüttert stelle ich auch fest, dass die Jugendpro-
gramme des öffentlich-rechtlichen Rundfunks sich in
einigen Gegenden zunehmend den Privatradios an-
gleichen. Musikanteil (vor allem Kommerzkacke) hoch,
Wortanteil runter, Pfeifen am Mikro.
Steigt man ein wenig tiefer in die Materie ein und re-
cherchiert nach so einem Radiovollkatastrophenwochen-
ende noch ein bisschen im Internet, stellt man fest, dass
man eigentlich auch keine Chance hatte, diesen Wahnsinn zu verstehen. Dafür bin ich offenbar viel zu normal.
In den Steckbriefen der Moderatoren behaupten unter
der Rubrik «Beschreibe dich selbst» nämlich alle von

sich, dass sie «bekloppt» oder «verrückt» wären, und, argh, «gut drauf». Gut drauf ist das Gegenteil von gut, denn Leute, die gut drauf sind, sind nie lustig, sondern in erster Linie saumäßig anstrengend.

Das darf ich dann auch oft erfahren, wenn ich hin und wieder mal vom Privatradio interviewt werde. Seit Jahren sind die drei vorwiegend gestellten Fragen: «Wie war's, Kylie Minogue privat zu treffen?», «Wie war's, Madonna und Mariah Carey zu interviewen?» und «Kannste mal heißen Backstage-Gossip von den MTV Awards erzählen?»

Klar, löbliche Ausnahmen gibt es immer wieder und bei jedem Sender, aber die Tendenz ist eine ungute.

Und obwohl ich beim Privatradio moderiert habe und im Fernsehen gelandet bin, verspreche ich, dass ich nie mit nacktem Oberkörper moderieren werde.

AB ZUM TURNEN

Es lässt sich nicht mehr verleugnen:

Ich muss ins Fitnessstudio.

Im Profil sieht das langsam nicht mehr gut aus. Dabei ist
der Spiegel schon schräg gestellt, sodass er größer und
schlanker macht. Aber es ist, als würde der Spiegel
sagen: «Du hast 'ne Form wie ein Fass. Geh mal turnen!»
Von vorne ist es noch nicht wirklich wahrzunehmen,
was aber nur der Tatsache geschuldet ist, dass mir meine
Gene eher die Apfel- als die Birnenform beschert haben.
Am Beginn eines Jahres ist dem Abnehm- und Fit-
nesswahn kaum zu entkommen. Alle sind sie dicker
geworden um die Feiertage, und auch bei mir haben all
die Enten, Gänse, Klöße und Plätzchen bei gleichzeitig
kaum Bewegung ihre Spuren hinterlassen. In den letzten
Jahren pflegte mir das am Arsch vorbeizugehen, diesmal
allerdings nehme ich besorgt zur Kenntnis, dass nicht
nur fast alle meine Freunde turnen gehen, sondern
auch alle Zeitungen und Magazine voll sind mit diesem
Thema. Waren sie wahrscheinlich schon immer, aber offenbar bin ich dieses Jahr empfänglicher dafür als sonst.
«Ja ja, mit 40 musst du langsam mal was machen! Der
Lack ist ab! Von nix kommt nix!» – So schallt's im Chor
aus meinem Umfeld.
Dabei hasse ich Fitnessstudios wie die Pest. Es ist bestimmt schon fünfzehn Jahre her, seit ich das letzte

Mal eines von innen gesehen habe, und selbst damals checkte ich nur auf ärztliches Dekret hin für einen Monat dort ein, weil ich nach einer kleinen Rückenverletzung ein bisschen Reha machen musste. Meine Erinnerung an diese Zeit sind aufgepumpte Vollschwachmaten mit stinkenden Tennissocken und Riesenweiber in «Uncle Sam»-Bauchfreikollektionen, dazu dudelte im Hintergrund der schlechteste Radiosender der Stadt. Nicht meine Welt. Aber jetzt muss ich da hin – sonst bin ich mit 60 tot oder sehe aus wie Rainer Calmund. Mein größtes Problem ist, dass ich keine Orte außerhalb meiner eigenen vier Wände mag, an denen man sich nackig machen muss. Seit jeher meide ich Sauna, Solarium und Schwimmbad, vermutlich war ich deswegen auch noch nie im Puff.

Und jetzt Fitnessstudio. Argh! Etwa 6000 gibt es davon in Deutschland, 5 Millionen Leute gehen in ihnen ein und aus. Im Januar sind die Neuanmeldungen Jahr für Jahr weit über dem Durchschnitt. Soll ich also bis zum Frühjahr mit der Anmeldung warten? Vielleicht habe ich bis dahin meinen Vorsatz wieder vergessen. Aber davon kommt die Figur auch nicht ins Reine. Einen Personal-Trainer kann ich mir nicht leisten, außerdem muss man sich mit so jemandem ja unterhalten. Mag ich auch nicht.

Oft höre ich, wenn ich draußen unterwegs bin, den Satz: «Ich sehe dich immer im Gym!» – «Kann nicht sein, da gehe ich nie hin!», lautet dann stets meine Antwort. «Nee, ich mein im Fernseher über dem Laufband, da läuft MTV ohne Ton.» Dieses Szenario brauche ich so dringend wie Durchfall: ich, keuchend auf dem Laufband, über mir meine eigene Fresse und neben mir Leute, die wie ich denken, sie wären im falschen Film. Es ist also ein harscher Vorsatz, den ich da 2008 umsetzen will. Aber ich habe keine andere Wahl. Den einzigen Sport, den ich liebe, nämlich Fußball, darf ich wegen meiner kaputten Beine nicht mehr machen. Also, ab ins Fitnessstudio! Weil: Wenn ich den Spiegel noch schräger stelle, fällt er um. Und ich mit ihm. Ich melde mich da jetzt mal an. Wenn MTV läuft, haue ich sofort wieder ab und mache stattdessen daheim jeden Tag hundert Liegestütze.

Nachtrag: Heute ist Freitag, der 11. Januar, 10 Uhr 52. Ich schrieb den obigen Text am Nachmittag des 10. Januar. Am Abend holte ich meine Freundin von der Arbeit ab. In dem Gebäude befindet sich auch ein Fitnessstudio. Seit gestern, 20 Uhr 37, bin ich für zwölf Monate Mitglied. Die waren nett da. Auf den ersten und auch den zweiten Blick hingen dort keine Arschlöcher rum. Musik hab ich gar keine gehört. MTV lief auch nicht ...

STASI 2.0 – DIE JUGENDEDITION

Wenn wir Eier geklaut haben,

hat sich der Bauer mit einem Wachhund gewehrt.

Heute werden Halbstarke mit RFID-Chips überwacht.

Ist etwa Krieg?

Als ich 17 war, wurden Jugendliche noch analog überwacht. Ohne technische Sperenzchen. Dinge wie Stacheldraht, Elektrozaun, Wachhund, selbsternannte Blockwarte oder mistgabelbewehrte Bauern konnten zwar auch unangenehm werden, allerdings wusste man da ganz genau, wie man dran ist. Das war ehrlich. Der Konflikt Halbstarke versus Erwachsene hatte somit eine sportliche Komponente.

Wenn wir damals den Forellenzuchtweiher leer fischen wollten, dann mussten wir vorher den Stacheldraht beseitigen, um die Einzäunung überwinden zu können. Wenn wir Kühe umschmeißen wollten, mussten wir vorher den Elektrozaun vom Netz nehmen. Wenn wir beim Bauer Eier klauen wollten, mussten wir ein Leckerli für den Wachhund dabeihaben (es war zugegebenermaßen ein sehr alter, dummer und harmloser Hund). Wenn wir in der Schulturnhalle Handball spielen wollten, mussten wir durchs geöffnete Kippfenster einsteigen. Wenn wir Mais, Kartoffeln oder Zuckerrüben vom Acker klauen wollten, mussten Leute Schmiere stehen. Man konnte alles machen. Kameraüberwachung gab es nirgends, wir hatten auch keinen Chip unter die Haut gepflanzt bekommen, und so etwas wie fiesfrequente Teenager-Vertreibungsmaschinen gab es noch nicht mal bei Orwell.

Am Alfsee in Niedersachsen gibt es jetzt ein derartiges Gerät. Die dortige Wasserskianlage geriet nachts zu einem Treffpunkt für Jugendliche – Saufgelage und Randale inklusive. Der Besitzer hatte genug. Statt teurem Wachpersonal brachte er den «Mosquito Ultrasonic» zum Einsatz – laut Produktbeschreibung ein «System zum Zerstreuen von Ansammlungen Jugendlicher».

Das ist ein kleiner grauer Kasten, der ein bisschen wie ein Außenlautsprecher aussieht. Statt launiger Durchsagen oder lustiger Musik dringen aus ihm jedoch sehr laute Piepstöne im Frequenzbereich zwischen 16 und 18 Kilohertz, was dazu führt, dass alle Jugendlichen im Umkreis von zwanzig Metern das Weite suchen. Warum nur die? Die Fähigkeit, derart hochfrequente Töne zu hören, lässt mit dem Alter nach. Spätestens ab 25 nimmt man sie nicht mehr wahr.

Zukünftig darf man dieses Gerät wahrscheinlich an allen Bahnhöfen, Bushaltestellen, Dorfplätzen, Schulen, Baustellen, Supermarkteingängen, Parkplätzen, Tankstellen, Spielplätzen, Bauernhöfen und Forellenzuchtweihern bewundern – wo sie eben immer so rumlungern, die Scheißjugendlichen. Dass das Ganze durchaus als ein Akt der Gewalt anzusehen ist, stört die Befürworter dieser Praxis wenig. Immerhin haben ein paar pfiffige Schüler den Spieß bereits umgedreht, indem sie sich den «Mosquito»-Fieper als Klingelton runtergeladen haben. So kann das Handy dann auch während des Unterrichts eingeschaltet bleiben, weil die alten Lehrer-Säcke das Signal nicht hören.

Wenn wir schon bei hohen Frequenzen sind: In England testet man gerade den Nutzen von in die Schuluniform eingepflanzten RFID-Chips, also Transpondern, mittels deren man den Träger nicht nur lokalisieren, sondern im gleichen Zug auch Daten übertragen kann. Man vermag den Schüler also zu identifizieren; auch seine Noten, Verweise, Beurteilungen und so weiter sind vermerkt. Technisch ist es sogar möglich, ihm den Zugang zu bestimmten Bereichen zu verwehren, dem Klo zum Beispiel, wenn man mal ganz gemein sein will. Noch ist die Teilnahme an diesem Projekt freiwillig, aber wenn der Schäuble hierzulande davon Wind bekommt, gibt's statt Schluckimpfung in der Vorschule vielleicht schon bald die RFID-Implantation.

Wenn es um die Kontrolle unkontrollierbarer Kontroll-bedürftiger geht, finde ich folgende Hightech-Angele-genheit wesentlich sinnvoller, nicht nur, weil bei ihr weder Schmerzen entstehen, noch der Datenschutz verletzt wird: das «Piss-Screen». Hierbei handelt es sich eigentlich um ein ganz normales Autorennspiel, das allerdings mit dem männlichen Urinstrahl statt mit einem Joystick (ja ja, schon gut …) gelenkt wird. Der Spaß wird derzeit im Pariser Nachtleben getestet, und zwar mit dem Ziel, die Zahl derjenigen Clubber zu reduzieren, die betrunken Auto fahren. Denn je besoffener man ist, desto mehr versagt man beim Piss-Screen. Durch verminderte Reaktionsfähigkeit ausgelöste Leitplanken-hobeleien sowie durch motorische Störungen verursachte derbe Urinstrahlwackler werden durch die Sensoren im Pissbecken registriert, es kommt unweigerlich zum Crash. Statt der Highscoretabelle erscheint die Nummer der Taxizentrale auf dem Bildschirm. Gute Sache, wenn-gleich ich auch ziemlich gespannt auf ihre Umsetzung in der Damentoilette bin.

Abgesehen von dieser putzig-nützlichen Idee verfolge ich mit Argwohn, wie man zunehmend mit jungen Menschen umgeht. Obwohl ich es damals für einen grausamen Moment hielt, bin ich im Nachhinein richtig froh, dass ich auf der Flucht vorm Bauern strauchelte und in einem Kuhfladen landete.

SEI STILL UND MACH WEITER

Über Sex soll man nicht reden.

«Machen kannst 'n ganz gut, aber darüber reden kannst
du nicht.»
Dieser Satz fiel im Jahr 1984. Gesagt hat ihn meine da-
malige Freundin. Ich war gerade 17 geworden, sie war
meine erste richtige Beziehung und auch die erste Frau,
mit der ich schlief. Wir hatten gerade Sex, lagen nackt
nebeneinander im Bett, und sie wollte reden. Ich nicht.
Keine Ahnung, warum dieser Satz mir so im Gedächtnis
haftengeblieben ist.
Ich schwöre an dieser Stelle auch Stein und Bein, dass
nicht seine erste Hälfte dafür verantwortlich ist, sondern
ganz klar seine zweite. Bis heute hat sich an diesem
Sachverhalt auch nichts geändert. Ich spreche nicht
gern über Sex. Darüber reden heißt für mich immer
gleich zerreden. Was natürlich Quatsch ist, aber da
kann ich offenbar nicht raus aus meiner Haut. Bin ich
deswegen verklemmt?
Vermutlich ja.
In der diesbezüglichen Ursachenforschung geht man ja
traditionell immer sehr weit zurück. So wurde ich beispielsweise nicht von meinen (sehr katholischen) Eltern
aufgeklärt, sondern von Freunden, Mitschülern und Bio-
logielehrern. Lange Zeit konnte ich deswegen komische
Geräusche aus dem Schlafzimmer von Mama und Papa

nicht zuordnen. Auch die vermeintlichen Joghurtflecken im Schrittbereich meiner blauen Jerseyschlafanzughose waren mir ein komplettes Rätsel. Lieber nicht darüber sprechen, das hört alles schon von alleine wieder auf. Die Jungs in meinem Umfeld übertrafen sich derweil mit den unglaublichsten Geschichten im Hinblick auf ihre sexuelle Reife. Was die schon alles erlebt hatten! Einer berichtete mir von einem Samenerguss bis an die Zimmerdecke, den ihm eine heiße Lady aus der achten Klasse verschafft hatte, ein anderer hatte mit 14 schon zehn Frauen «gebumst», wie es damals noch verbreitet hieß.

Ich dagegen war sehr schüchtern, und weil sich deswegen nur die ganz lieben Mädchen meiner erbarmten, hatte ich in puncto Sex lange Zeit nichts Spektakuläres zu erzählen.

Gerade in meinen längeren Beziehungen erwarb ich mir nicht gerade den Ruf eines Draufgängers, vielmehr war ich König Blümchensex. Darüber reden hätte in der Zeit bestimmt geholfen, aber das fiel ja für mich aus. Bis 26 hatte ich tatsächlich nur lange, feste Beziehungen mit einem soliden, aber eben mitunter unschuldigen und rückwirkend betrachtet nahezu niedlichen Sexualleben. One-Night-Stands und Affären waren mir vollkommen fremd.

Das sollte sich in meiner promisken Phase im Anschluss an eine fast siebenjährige Liaison ändern. Weil es mir in vielen Fällen reichlich egal war, ob ich die Frauen nochmal wiedersah, war es mir auch in den betroffenen

Nächten egal, wie das Geschehen aufgefasst werden könnte, und geredet werden musste sowieso nicht viel. Die Devise war, einfach mal alles zu machen, von dem man sonst nur gehört hatte. Rein technisch betrachtet lernte ich eine Menge in dieser Zeit, sehr vieles davon machte auch großen Spaß. Ich hatte allerdings schon recht bald das Gefühl, dass das Ganze eine gewisse emotionale Armut voraussetzte, es gab mir also auf Dauer nichts. Dennoch, ein paar wichtige und durchaus positive Erkenntnisse nahm ich in meine nächsten Beziehungen mit.

Zum Beispiel, dass zusammen Pornos glotzen für 'n Arsch ist. Pornos finde ich ganz generell komisch. Bin ich deswegen jetzt schon wieder verklemmt? Ich bin zugegebenermaßen nicht so der Empiriker auf dem Gebiet, weil ich in meinem Leben aufgrund aufrichtigen Desinteresses erst etwa fünf von den Dingern geguckt habe. Die Typen darin waren komplette Vollhonks, die Frauen ganz eindeutig nicht mein Typ. Zu blond oder zu schwarz gefärbt, zu operiert, mit einem unfassbar schlechten Unterwäschegeschmack, dazu mindestens genauso stulle wie ihre männlichen Kollegen, mit denen sie sich dann in Wohnungen oder Zimmern vergnügten, die mieser eingerichtet waren als ein Ibis-Hotel anno 1989.

Ich konnte meine Augen kaum von diesen fliederfarben-grau-mauve-gemusterten Sofas vor blassgrün-kack-braun-diagonal-gestreiften Vorhängen auf fleckig-blauen Teppichböden lösen. Von den Dialogen beziehungsweise einer Handlung brauchen wir erst gar nicht zu reden. Da half auch die ganze Fick-Action nichts. Wenn dabei überhaupt etwas in Erregung geriet, dann mein Mitleid. Am schlimmsten ist die offenbar wichtigste Szene in einem Porno, der sogenannte Cumshot, also die Einstellung, in der der Mann vorzugsweise ins Gesicht, auf die Brüste oder den Po der Frau ejakuliert. Da zieht der Kollege also vorher sein Ding raus, damit vor allem er voller Stolz erst auf sein erigiertes Glied glotzen kann, um dann sicherzugehen, dass da auch ordentlich was rausflutscht – was augenscheinlich als eindeutiges Zeichen dafür gewertet wird, dass ohne ihn die Menschheit nicht weiterbestehen würde. Und wenn die Frau hinterher noch alles ableckt, wie ein kleines Kätzchen, dann ist der Penis und damit auch der Mann wieder sauber. Super.

Trotzdem: Die Pornoindustrie gehört zu den wenigen Wachstumsbranchen in diesen wirtschaftlich rauen Zeiten. Obwohl, vielleicht ja gerade deswegen. Vermutlich bin ich einfach nicht die Zielgruppe, weil ich die Technisierung und Entmystifizierung von Sex ganz grundsätzlich ablehne. Immerhin sind die Sex-Magazine im Privatfernsehen deutlich weniger geworden, was man aber wohl weniger darauf schieben kann, dass die breite Masse meine Ablehnung teilt, sondern eher darauf, dass man angesichts des reichlichen Angebots im Internet mit Sendungen wie *Tutti Frutti*, *Peep* oder *Wa(h)re Liebe* keinen mehr hinter dem Ofen hervorlocken würde.

Sex ist ein Riesenthema, sozusagen der totale Main-stream, vom *Spiegel*-Titel übers Zeitungsfeuilleton bis rein in sämtliche Lifestyle-, Jugend-, Frauen- und Män-nermagazine. Langsam fällt es mir schwer zu glauben, dass darüber noch irgendetwas gesagt werden kann, das noch nicht gesagt wurde. Also: nicht rumquatschen – einfach machen!

Insofern halte ich es weiterhin wie gehabt. Oder, um es mit der von mir sehr geschätzten Band Blumfeld zu sagen: «Lass uns nicht von Sex reden, ich weiß gar nicht, wie das gehen soll.»

TEENAGE-KICKS

Mein erstes Mal? Das war kein Sex, sondern ein Massaker. Die ganze Geschichte von Elke, Claudia, Petra, Ingrid, Heike, Dagmar, Sabine und Sophie Marceau

In den vergangenen Tagen wurde ich durch zwei Dinge an meine jugendlichen Zwischenmenschlichkeiten erinnert. Zum einen gibt es da dieses tolle neue Album von M83 mit dem verheißungsvollen Titel *Saturday = Youth*, zum anderen erreichte mich die Anfrage eines Autors, der ein Buch zum Thema Filmfrauen, die man liebte, zusammenstellt. Ich musste nicht lange überlegen, wer das in meinem Fall war: Sophie Marceau. Ihretwegen rannte ich 1981 innerhalb von zwei Wochen viermal ins Kino, um mir *La Boum – Die Fete* anzusehen. Sie war es, die ein vollkommen neues Bild von Mädchen bei mir schuf. Denn schön war es nicht, was sich einem da in den früher 80ern in einem bayerischen Dorf bot. Aber man kannte es ja nicht anders, und so ließ man sich klaglos mit Mädchen ein, deren Frisur, Klamottenstil und Musikgeschmack sehr diskussionswürdig waren.

Meine erste Freundin hieß Elke. Sie hatte herausgewachsene Dauerwellen, rötlich blond gefärbt. Ihre Lieblingshosen waren violett-schwarz-längs-gestreifte Stretchjeans, sie hörte Foreigner, Journey und Saga, dazu alles aus den Charts. Eigentlich waren wir gar nicht richtig zusammen. Eine ihrer Freundinnen hatte mich gefragt, ob ich mit Elke «gehen will». Ich ließ ausrichten «Hm, na ja, von mir aus ...» und stand in den folgenden drei Wochen deswegen auf dem Pausenhof neben ihr. Sonst war da nichts. Kein Knutschen, nicht mal Händchenhalten. An einem Tag erschien Elke nicht und ließ mir durch ihre Freundin ausrichten, dass Schluss sei. Einigermaßen konsterniert erzählte ich meinen Freunden davon, die daraufhin allesamt meinten: «So 'ne Nutte!» Ich wusste mit 13 noch nicht, was eine Nutte ist, beschloss allerdings, Elke zu sagen, sie wäre eine, schließlich hatten meine Freunde offenbar Ahnung von der Materie. Daraufhin nannte sie mich einen Zuhälter. Selbstredend hatte ich auch da keinen Plan, was das sein soll.

Als Nächstes versuchte ich bei der feschen Claudia mein Glück. Sie war meine Partnerin in der Tanzschule. Auch das war früher oder später gleichbedeutend mit einem Techtelmechtel, vor allem, nachdem sie mir auch bei der Damenwahl ihre Zuneigung signalisiert hatte. Dann kam der Abschlussball. Ich hatte ihn herbeigesehnt, nicht nur, weil ich das Scheiß-Paargetanze wie die Pest hasste, sondern auch, weil dieser Ball traditionell aus Tanzpaaren echte Paare werden ließ. Nicht so bei Claudia. Auf meine «Willste mit mir gehen»-Frage entgegnete die blöde Kuh doch tatsächlich: «Ja, aber nur, wenn wir beim Abschlusstanzcontest gewinnen und du dann noch den Aufbau-, Silber- und Goldkurs mit mir machst!» Ich ließ mich nicht erpressen. Die konnte mich mal, so viel stand fest.

Danach kam Ingrid und mit ihr mein erster, na ja, Zungenkuss. Hinter ihr war das halbe Dorf her, dem Vernehmen nach in erster Linie aufgrund der Tatsache, dass sie mit 14 schon einen BH trug und diesen augenscheinlich auch dringend brauchte. Auf der Kirmes fragte ich sie mit klopfendem Herzen, ob sie mit mir Autoskooter fahren will. Sie nickte, und auch diese Geste war gleichbedeutend damit, dass wir miteinander gingen. Dabei war Autoskooter eine kritische Kiste. Im Jahr davor hatte ich mein Glück bei Petra versucht. Auch sie fuhr mit, allerdings ging sie danach nicht mit mir, weil mir während der Fahrt ein kleines Malheur passiert war. Ich wollte besonders cool sein und nur mit einem Arm lenken, in diesem Fall dem rechten. Sie saß rechts neben mir. Nach einem Frontalzusammenstoß prallte mein Arm vom Lenkrad zurück, woraufhin ich ihr mit dem Ellbogen zwei Schneidezähne ausschlug. Sie redete jahrelang nicht mehr mit mir.

Bei Ingrid lief alles glatt. Wir verzogen uns danach Richtung Kettenkarussell. Ich lehnte an einer Brüstung, sie stellte sich vor mich hin, umschlang mich, presste ihre Lippen auf meine und steckte mir ihre Zunge in den Mund. Ich wusste nicht, wie mir geschah. Ihre Zunge war klein und fest, sie kreiste damit irre schnell um meine herum. Ich hatte das Gefühl, als würde ich mit einem Kanarienvogel knutschen. Jedenfalls war ich in erster Linie damit beschäftigt, ihrer Zunge auszuweichen und meine seitlich hinten in meinem Mund zu verstecken. Offenbar war Ingrid von meinen Küsserqualitäten ähnlich wenig überzeugt wie ich von ihren, jedenfalls erschien sie immer öfter nicht bei Verabredungen, sondern schickte stattdessen ihre beste Freundin Andrea. Die rückte stets mit einem Kinderwagen an, in dem sie das Baby ihrer Tante rumschob. Sie holte mich dann zum Spazierengehen ab, was natürlich im Dorf eine Unmenge an blöden Bemerkungen nach sich zog. Schon allein deswegen war ich gezwungen, mit Ingrid Schluss zu machen.

Ich musste irgendwie raus aus dem Kaff und suchte mir deswegen eine Freundin aus dem Nachbarort, nämlich die hübsche und smarte Heike. Mein Kumpel und ich hatten sie und ihre beste Freundin im Freibad kennengelernt. Die Freundin war für ihn, Heike für mich. Erstaunlicherweise konnten wir bei ihnen landen, obwohl wir kein Mofa oder, noch besser, ein Mokick oder, am allerbesten, eine 80er besaßen. Denn ein motorisiertes Zweirad war bei solchen Hauptgewinnen eigentlich Grundvoraussetzung. Wäre in der Tat auch nicht schlecht gewesen, eins zu haben, denn die sieben Kilometer Geradel über Wald und Wiesen gingen mir ziemlich schnell auf die Nerven. Busverbindung gab es keine, und bei ihr übernachten, um dann von dort aus am nächsten Tag gemeinsam nach Ingolstadt in die Schule zu fahren, fiel auch aus, weil ihre Eltern das untersagten. Trotzdem schaffte ich es bei Heike eines schönen Nachmittags, das erste Mal Petting zu machen.

Mit dem ersten Mal Sex sollte es noch eine Weile dauern, denn mein vermeintliches erstes Mal war so ein Reinfall, dass man es eigentlich nicht erzählen darf. Mache ich aber trotzdem.

Sie hieß Dagmar und war in diesem Sommer 1983 mein Urlaubsflirt. Schon früh fanden wir während der dreiwöchigen Ferien auf einem Campingplatz in der Nähe Jesolos zusammen, wir hatten also genug Zeit, um die ganz große Sache zu planen. Es wäre für uns beide eine Premiere gewesen, und so wollten wir nichts dem Zufall überlassen. Unsere jeweiligen Wohnwagen waren Sperrgebiet, weil man ständig damit rechnen musste, dass die Eltern auf der Matte standen. Strand war auch schwierig, weil sich da selbst nachts zu viele Leute rumtrieben. Die Idee war daher, sich im dem Campingplatz angegliederten Sportpark einsperren zu lassen. Der machte bei Einbruch der Dunkelheit dicht, also versteckten wir uns so lange, bis alle draußen waren und der Wachmann abgeschlossen hatte. Damit man ermessen kann, was dann passierte, ist an dieser Stelle ein kleiner Einschub nötig.

Um der Mückenplage in diesen Breitengraden Herr zu werden, fuhr jeden Abend ein kleines Wägelchen zwischen den Zelten und Wohnwagen durch und sprühte Insektenvernichtungsmittel in die Baumkronen. Das stank zwar fürchterlich und war gewiss auch nicht gesund, wenn es einem in die Spaghetti rieselte, zeigte aber Wirkung. Der Sportpark jedoch war verständlicherweise von dieser Maßnahme ausgenommen.

Nun sind Mücken ja nicht doof, und so hatten wir schnell den Eindruck, dass zu den ohnehin schon zahlreich im Park versammelten Exemplaren zusätzlich noch die Schlaumeier-Kollegen vom Campingplatz herüberflogen. Ich konnte gar nicht mehr zählen, wie oft ich während des Vorspiels zunächst diskret und von Daggi nahezu unbemerkt, später ziemlich wutentbrannt und offensichtlich eine Mücke totschlug. Spätestens nach einem Stich in meinen Po fiel es mir zusehends schwerer, mich im Zustand der Erregung zu halten. Als dann auch noch direkt vor meinen Augen eine dieser Bestien ihren Stachel genau in den rechten Nippel von Dagmar rammte, war der Ofen komplett aus. Traurig hing das Kondom an mir, wir waren beide übersät von Einstichen, es juckte fürchterlich. Sex konnte man das nicht nennen, es war eher ein Massaker.

Das volle störungsfreie Vergnügen sollte ich ein Jahr später, also mit 17, haben. Mit Sabine zog ich zwischenzeitlich das große Los. Sie war anderthalb Jahre älter als ich und hatte schon ein Auto! Das war natürlich für mich, der ich immer noch nichts anderes als mein Fahrrad lenken durfte, der Knaller. Allein die neidischen Blicke meiner Klassenkameraden, wenn sie mich in ihrem schicken Renault von der Schule abholte, waren den Spaß wert. Dummerweise hatte sie diesen Erfahrungsvorsprung mir gegenüber nicht nur im Straßenverkehr, sondern auch beim Geschlechtsverkehr. Natürlich tat ich so, als hätte ich schon mit siebenundfünfzig Frauen geschlafen. Dass das nicht sein konnte, merkte die forsche Sabine aber ganz schnell. Ich hatte wirklich keinen Plan, und dieser Umstand trieb mir bei jeder körperlichen Annäherung – und sie ging wirklich ganz schön ran – die Schweißperlen auf die Stirn. Nach zwei Monaten machte ich Schluss, mir war der Stress einfach zu viel.

Ihr seht schon, während meiner Adoleszenz ließ mein Beziehungsleben einiges zu wünschen übrig. Nicht nur aus diesem Grund war in all diesen Jahren eine Dame unterschwellig stets präsent. Ich schwärmte für sie wegen ihrer dauerwellenlosen Haare, ihres kecken Ponys, ihrer strahlenden Augen und ihres sinnlichen Mundes. Sie trug auch viel coolere Klamotten als die Dorfpomeranzen, besonders ihre Adidas-Jacke hatte es mir angetan. Zudem war sie nur ein halbes Jahr älter als ich und damit genau meine Kragenweite. Warum konnte es hier keine wie sie geben? Ich hatte Poster von ihr an den Wänden und versuchte, anhand verschiedener Filmszenen herauszufinden, wie groß sie denn wohl sei. Da ich eher kurz geraten war, verunsicherte es mich, dass sie deutlich größer als ihre beste Freundin und fast so groß wie ihr Freund war. Aber ich war lustig und konnte gut Fußball spielen, das würde neben all den anderen Defiziten gewiss auch den Umstand kompensieren, dass ich kein Französisch konnte. Ich schrieb ihr trotzdem, natürlich auf Deutsch, in der Hoffnung, dass ihr jemand meine feinfühligen Zeilen übersetzen würde. Zurück kam nur ein gedrucktes Autogramm. Egal, denn zwischen 13 und 17 war sie meine Nummer eins.

Und damit wären wir wieder bei: Sophie Marceau.
Damals hätte zu ihr und mir prima ein Song gepasst,
der sich jetzt, über fünfundzwanzig Jahre später, auf
Saturday = Youth befindet, nämlich «We Own The Sky»,
mit den ganz hervorragenden Textzeilen: «Each shade
of blue is kept in our eyes. Keep blowing and lighting,
because we own the sky.»

DANN KAMEN DIE ZOMBIES

Michael Jackson wurde auch einer und tanzte:

Seit vierzig Jahren gibt es Musikvideos.

Welches ist das beste?

Meine Top 100

«Was soll denn das jetzt sein, dieses ‹Triller›?», fragte mein Vater irritiert in die Runde. «Sriller?! Kenn ich auch nicht», erwiderte meine Mutter. «Das heißt ‹Thriller›!», korrigierte ich beide und spuckte beim Versuch, mein bestes «Ti-eitsch» zu sprechen, kräftig durchs Wohnzimmer.

Seit kurzem gab es da diese Sendung im Fernsehen. Aus einer Schrottplatzkulisse wurden von einem Moderator im Mechanikeranzug Videos angesagt. Musikvideos! So etwas hatten wir vorher kaum gesehen. Jetzt also *Formel Eins*, und schon recht bald bildete sich in unserem kleinen bayerischen Dorf eine Art Videoverehrungsgesellschaft. Einmal pro Woche gruppierten wir uns um den Saba-Farbfernseher meiner Eltern, dem einzigen im Freundeskreis mit einer Fernbedienung. Wobei man die natürlich nicht brauchte, wenn *Formel Eins* lief.

Schon gar nicht an jenem Abend im Jahr 1983. Eine

Sondersendung von *Formel Eins* flimmerte in die Wohnstube, und zwar nicht wie sonst am frühen Abend, sondern viel später. Wenn ich mich recht erinnere, war es schon nach 22 Uhr! So lange durfte ich mit knapp 16 natürlich schon aufbleiben. Auch war ich exakt alt genug, um nun das zu sehen, was aus Jugendschutzgründen gar nicht früher gezeigt werden durfte, nämlich «Thriller», das neue Video von Michael Jackson. Im Vorfeld hatten wir schon ein bisschen was darüber erfahren. Sehr lang soll es sein, fast so eine Art Minispielfilm, Regie führte ein gewisser John Landis, von dem auch *American Werewolf* war, ein Film, bei dem sie uns 1981 nicht ins Kino ließen. Was ich persönlich im Gegensatz zu meinen Kumpels nicht so schlimm fand, weil ich mich noch gut daran erinnerte, wie ich kurz zuvor heimlich *Der Exorzist* geguckt hatte und danach zwei Wochen lang nur bei eingeschaltetem Licht und abgeschlossener Zimmertür schlafen konnte. Ich befürchtete schon, dass Thriller etwas Ähnliches auslösen könnte. Aber ich sah tapfer hin, fast 14 Minuten lang.

Wir waren sprachlos, alle zusammen. So etwas hatten wir vorher noch nie gesehen. Als Michael nach zweieinhalb Minuten sich das erste Mal in einen Werwolf verwandelte, gefror uns das Blut in den Adern, die Schockstarre endete erst, als nach 4 Minuten der Beat einsetzte und damit der Song losging. Dann kamen die Zombies, Michael wurde auch einer und tanzte mit ihnen diese Mega-Choreographie, schließlich drehte er sich

am Schluss, als man eigentlich schon wieder dachte, er
sei doch normal, nochmal in die Kamera um, und seine
Augen funkelten dabei gelb. Gruselig!

Fast fünfundzwanzig Jahre ist das jetzt her, und anders
als die meisten Musikvideos von damals wirkt «Thriller»
immer noch zeitgemäß, nicht von ungefähr haben bei
YouTube neun Millionen Menschen den Clip angesehen.
So viel hat sich in den letzten zweieinhalb Jahrzehnten
in der Musikvideokultur gar nicht geändert, zumindest
gibt es noch Videos, ganz im Gegensatz zu vielen anderen Dingen, die aufgrund massiver Veränderungen
in der Branche längst von der Bildfläche verschwunden
sind. Schallplatten? Kassetten? Sind nahezu ausgestorben, und auch der CD geht es längst an den Kragen.
Aber das Musikvideo will einfach nicht gehen. Klar,
die Einbrüche in der Musikindustrie sind auch an den
Clips nicht spurlos vorübergegangen. Gerade als junge
Band überlegt man sich mittlerweile zweimal, ob es sich
noch lohnt, mehrere tausend Euro zu investieren, wenn
das Teil vielleicht nirgendwo läuft. Andererseits kann
man aufgrund zahlreicher technischer Innovationen
heutzutage für ein deutlich kleineres Budget als noch
vor zehn bis zwanzig Jahren einen amtlichen Clip
produzieren.

Ursprünglich sollte ein Musikvideo nur einen Zweck
erfüllen, nämlich Werbung für den Tonträger machen.
Erst mit dem Erfolg von MTV in den USA entwickelten
sich die vermeintlichen Werbefilmchen zu einer eigen-
ständigen Kunstform. So manche Künstler, allen voran

Madonna und Michael Jackson, wurden erst durch die Verbindung Optik/Musik zu Stars.

Ich wurde schnell süchtig danach. *Formel Eins* und die neuen Videos von Duran Duran oder Frankie Goes To Hollywood waren in der Schule Pausenhofgesprächsthema Nummer eins, ich bekniete meine Eltern geradezu, sich einen Videorecorder anzuschaffen, damit ich die Sendungen mitschneiden und die Clips archivieren konnte. 1993 waren Musikvideos Gegenstand meiner Magisterprüfung im Fach Theaterwissenschaft/Neue Medien, und seit 1998 moderiere ich die Dinger im Fernsehen an.

Ich gebe zu: Videos, die mich richtig wegblasen, gibt es zunehmend weniger. Rockbands setzen vorwiegend auf öde Performance-Videos, Hip-Hopper auf Karren, Knarren und Weiber und Jamba auf Schnuffel. Dennoch gibt es nach wie vor immer wieder mal echte Highlights. An dieser Stelle bin ich mal so frei und liste meine Top-100-Lieblingsvideos aller Zeiten auf («for further viewing» sozusagen):

1) *Unkle feat. Thom Yorke – Rabbit in Your Headlights (1999).* Ein Mann wird mehrfach von Autos überfahren. Er steht immer wieder auf. Das letzte Auto zerschellt an ihm. Die Szene eines Videos, die man nie vergisst. Von Jonathan Glazer.

2) *Björk – All Is Full of Love (1999).* Chris Cunninghams legendäres Roboterinnen-Liebesvideo. Voll romantisch, ohne Scheiß.

3) *Johnny Cash – Hurt (2002).* Selten war einem der Künstler in einem Video so nah. Johnny Cash, der einsame, angsterfüllte, dem Tod geweihte, große, würdevolle Mann. Und wenn er am Ende den Pianodeckel schließt und mit den Händen darüberstreicht, ist man spontan geneigt, eine Gedenkminute einzulegen.

4) *Michael Jackson – Thriller (1983).* Das erste Mal, dass ein Video eine Art Spielfilm war. Bahnbrechend.

5) *Radiohead – Just (1995).* Beinhaltet eines der größten Rätsel der Videogeschichte. Was sagt der am Boden liegende Mann am Ende des Clips? Niemand wird es je erfahren, denn sowohl die Band als auch Regisseur Jamie Thraves hüllen sich bis heute in Schweigen.

6) *Aphex Twin – Come to Daddy (1997).* Wenn das Monster die Oma anschreit, erschrecke ich mich jedes Mal aufs Neue. Und die mordlüsternen Kinder mit Richard-D.-James-Gesichtern sind auch nicht lustig. Regie Chris Cunningham.

7) *Beastie Boys – Sabotage (1994).* Erstklassige Parodie auf 70er-Jahre-Krimiserien. Voll banane und saulustig. Regie Spike Jonze.

8) *Squarepusher – Come On My Selector (1998).* In den ersten Minuten denkt man noch, dass in diesem japanischen Kinderkrankenhaus jetzt gleich etwas ganz Furchtbares passiert und dass Chris Cunningham nun wirklich mal einen echten Horror-Film drehen sollte. Doch dann entwickelt sich der Clip rasant zu einer irren Sause, bei der die knuffigen Martial-Arts-Szenen so perfekt auf die Bleeps und Noises des kranken

Squarepusher-Breakbeats geschnitten sind, wie ich das noch nie vorher gesehen habe.

9) *Björk – The Triumph of a Heart (2005)*. Björk ist verheiratet mit einem Kater. Das Tier im Unterhemd oder am Steuer eines Autos sind unfassbare Bilder. Von Spike Jonze.

10) *Aphex Twin – Windowlicker (1998)*. Extrem verstörend, nicht nur wegen der bärtigen Frauen. Regie Chris Cunningham.

11) *The White Stripes – Fell in Love With a Girl (2002)*. Michel Gondrys Lego-Animation. Brillant.

12) *Radiohead – Street Spirit (1995)*. In verschiedenen Geschwindigkeiten gefilmt. Je öfter man es sieht, desto verstörender wird es. Von Jonathan Glazer.

13) *Peter Gabriel – Sledgehammer (1986)*. Damals Tagesgespräch, weil alle sich fragten, wie er das wohl gemacht hat.

14) *A-ha – Take On Me (1985)*. Ohne Video war der Song nichts. Mit Video war er ein Welthit. Ganz wichtiges Kapitel in der Videobibel.

15) *The Prodigy – Smack My Bitch up (1997)*. Wie weit kann man gehen in einem Musikvideo? Beinhaltet eine der besten Kotz-Szenen. Von Jonas Akerlund.

16) *Daft Punk – Around the World (1997)*. Kostümierte Tänzer geben die fünf Elemente des Tracks wieder (Drumcomputer, Vocoder, Gitarre, Bass und Synthe- sizer). Wohl das wichtigste und beste Dance-Video. Von Michel Gondry.

17) *Joy Division – Atmosphere (1988)*. Eigentlich kein Video, sondern eine Film gewordene Beisetzung. Von Anton Corbijn.

18) *Björk – Bachelorette (1997)*. Michel Gondrys surreale Geschichte über ein Buch, das sich selbst schreibt.

19) *Massive Attack – Teardrop (1998)*. Ein Embryo im Fruchtwasser. Wunderschön.

20) *Chemical Brothers – Star Guitar (2002)*. Eine Symphonie aus Bildern. Kein Video ist perfekter auf den Song geschnitten. Und keiner kann das besser als Michel Gondry.

21) *Foo Fighters – Everlong (1995)*. Nur ein Wort: herrlich! Von Michel Gondry.

22) *Jay-Z – 99 Problems (2004)*. Das essenzielle New-York-Video. Jede Einstellung ein Kunstwerk. Von Mark Romanek.

23) *Madonna – Like a Prayer (1989)*. Sex als Religion? Religion als Sex? DAS Madonna-Video.

24) *Chemical Brothers – Elektrobank (1997)*. Zu diesem Alarmtrack machte Spike Jonze doch tatsächlich einen Clip, der einen Wettkampf in Rhythmischer Sportgymnastik zeigt. Zu sehen ist darin in einer Rolle auch seine spätere Ehefrau Sofia Coppola.

25) *Air – All I Need (1998)*. Eigentlich ein kleiner Dokumentarfilm über ein Pärchen und gerade deswegen so berührend.

26) *Blur – Coffee & TV*. Das Milchtütenvideo. Unglaublich süß. Aber eben nicht nur.

27) *Bob Dylan – Subterranean Homesick Blues (1967).* Eins der ersten, wenn nicht das erste richtige Musik-video überhaupt, und bis heute jenes, bei dem der Künstler am wenigsten Spaß hatte, es zu machen.

28) *Busta Rhymes – Gimme Some Mo' (1998).* Komplett mit Fischauge gedreht. Es wird einem schlecht davon.

29) *DJ Shadow – Six Days (2002).* Die Liebe ist ein Schlachtfeld. Das Video ist eine einzige Metapher. Von Wong Kar-Wei.

30) *Chemical Brothers – Believe (2005).* Verfolgt von Industrierobotern. Scary.

31) *Coil – Tainted Love (1985).* Ein junger Mann, der schon zu schwach ist, um selbst zu gehen, wird im Aids-Hospiz in einen kargen Sterberaum gebracht. Marc Almond erscheint als Trauben essender Todes-engel. Das einzige Musikvideo, das mich jemals zum Heulen brachte.

32) *Dr. Dre feat. Snoop Dogg – Nuthin' But a «G» Thang (1993).* Das authentischste Gangster-Rap-Video aller Zeiten. Obwohl oder gerade weil im Clip keine ein-zige Knarre zu sehen ist.

33) *Radiohead – Karma Police (1997).* Regisseur Jonathan Glazer lässt uns ans Steuer eines Autos, auf dessen Rücksitz Thom Yorke ist. Wir verbrennen in der Karre, er entkommt.

34) *Sigur Rós – Vidrar Vel Til Loftarasa (2001).* Island, Kinder, alles schön. Erst mal. Unglaublich, wie grausam sich dann alles entwickelt.

35) *Fatboy Slim – Weapon of Choice (2001).*
Christopher Walken als ganz großer Tänzer.
Von Spike Jonze.

36) *Depeche Mode – Enjoy the Silence (1990).*
Im ersten Moment sieht er erbärmlich und lächer-
lich aus, der Mann, der in Robe und mit Krone sowie
einem Stuhl unterm Arm durch die Landschaft
spaziert. Doch mit jeder Sekunde wirkt er würdevoller.
Vielleicht das wichtigste Video von Depeche Mode.
Von Anton Corbijn.

37) *Duran Duran – Girls On Film (1981).* Weiber beim
Schlammcatchen und andere dreckige Schuljungen-
phantasien. Ganz schön wild für diese Zeit.

38) *Gorillaz – Clint Eastwood (2001).* Wenn animiert,
dann so. Gezeichnet von *Tank Girl*-Schöpfer Jamie
Hewlett, der auch Mitglied der Band ist.

39) *Weezer – Buddy Holly (1995).* Eine Band der 90er
performt in *Happy Days*, einer Serie aus den 70ern,
die in den 50ern spielt. Auf so etwas kommt auch nur
Spike Jonze.

40) *2Pac feat. Dr. Dre – California Love (1996).* Wir sehen
ein post-apokalyptisches Kalifornien. *Mad Max* lässt
grüßen. Ganz groß.

41) *Daft Punk – Da Funk (1996).* Ein vermenschlichter
Hund wandert mit einem Ghettoblaster durch New
York, und keiner mag ihn. Voller Pathos.
Von Spike Jonze.

42) *Pulp – This Is Hardcore (1998).* Ein verführerischer
und gleichsam beklemmender Albtraum.

43) *Blumfeld – Neuer Morgen (2003).*
Hauptdarsteller: ein Hund. Rührt einen zu Tränen.

44) *New Order – True Faith (1987).* Zwei bedauernswerte
Clowns ohrfeigen sich im Takt. Traurig, aber toll.

45) *Nirvana – Smells Like Teen Spirit (1991).* Kein Video
hätte besser zu diesem Song gepasst. Und in keinem
sah die Band besser aus.

46) *Nine Inch Nails – Closer (1994).* Ich habe das Video vor
vierzehn Jahren das erste Mal gesehen. Schon damals
war klar, dass ich einige Bilder daraus nie vergessen
werde. Den Affen zum Beispiel.
Von Mark Romanek.

47) *Jamiroquai – Virtual Insanity (1997).* Gummizellen-
und Gummiknochenalarm bei Jay Kay. Sieht sehr
cool aus. Von Jonathan Glazer.

48) *Outkast – Ms. Jackson (2001).* Im Takt mitnickende
Hunde, Katzen und Eulen. Unglaublich putzig.

49) *Pulp – Bad Cover Version (2002).* Ein Video voller
Lookalikes. Herrliche Verarsche diverser Charity-
Projekte.

50) *Snoop Dogg feat. Pharrell – Drop It Like It's Hot (2004).*
Eines der stylischsten Schwarz-Weiß-Videos.

51) *The Red Hot Chili Peppers – Give It Away (1991).*
Die Band silbern angepinselt in der Wüste. Fetzt.

52) *Tool – Sober (1993).* Von der Band, die es vermied,
in ihren Videos aufzutauchen. Stattdessen gab's
Stop-Motion in Perfektion.

53) *Metallica – One (1989).*
Wohl das beste Antikriegsvideo.

54) *Ludacris – Stand up (2003).* Sieht irre komisch aus, all diese überproportionierten Dinge. Und das tanzende Baby mit Ludacris-Kopf ist der Knaller.

55) *Smashing Pumpkins – 1979 (1996).* Eine wunderschöne Hommage an die Jugend. Könnte jedes Mal heulen.

56) *Nirvana – Heart Shaped Box (1993).* Avantgardistisch, surreal. Und wir reden hier immer noch von einer Grunge-Band. Regie: Anton Corbijn.

57) *Nine Inch Nails – The Perfect Drug (1997).* Darauf noch einen Absinth! Hicks! Von Mark Romanek.

58) *Fatboy Slim – Praise You (1999).* Ausdruckstanz im Guerilla-Style. Regisseur Spike Jonze spielt selbst mit. Sagenhafte Idee und irre komisch.

59) *Soul Asylum – Runaway Train (1993).* Im Video wurden Fotos vermisster Kinder eingeblendet. Einige von ihnen tauchten daraufhin tatsächlich wieder auf und kehrten zu ihren Familien zurück.

60) *Air – Kelly Watch the Stars (1998).* Danach möchte man sofort beim Tischtennisverein eintreten.

61) *Alex Gopher – The Child (1999).* Eins der besten Animationsvideos, die es gibt. Inspiration für die Kulisse der *Harald Schmidt Show.*

62) *The Avalanches – Frontier Psychiatrist (2001).* Manchmal ist das offensichtlichste Videokonzept auch das beste. Wie hier: einfach die Samples zum Leben erwecken.

63) *Chris Isaak – Wicked Game (1991).* Wie ein softpornographisches Fotoshooting. Mit Supermodel Helena Christensen. Regie: Herb Ritts.

64) *Smashing Pumpkins – Tonight Tonight (1996).*
Ein Tribut an die Stummfilmära, mit lustigen
Old-School-Special-Effects.

65) *Basement Jaxx – Where's Your Head at? (2001).*
Durchdrehende Affen mit Menschengesichtern.
Macht Angst, ist aber auch ganz schön lustig.

66) *Judas Priest – Breaking the Law (1980).* Kategorie: ein
Video, das so schlecht ist, dass es schon wieder gut ist.

67) *The Replacements – Bastards of Young (1985).*
Das total lethargische Verweigerungsvideo. Man sieht
eigentlich nur eine Stereoanlage. Großartig in
Verbindung mit der kräftigen Musik.

68) *Marilyn Manson – The Beautiful People (1996).* Bringt
alles auf den Punkt, wofür Marilyn Manson steht.

69) *Madonna – Vogue (1990).* Die Queen of Pop im
durchsichtigen Body. Schon heiß.

70) *Bronski Beat – Smalltown Boy (1984).* Ein Video wie
eine BBC-Doku. Der schwule junge Mann wird von zu
Hause vertrieben. Eindringlich.

71) *Guns N' Roses – November Rain (1991).* Auch fast ein
Spielfilm. Der Song ist ja auch lang genug.

72) *TLC – Waterfalls (1995).* Jesus ging übers Wasser,
TLC tanzen darauf. Hübsch.

73) *Talking Heads – Once in a Lifetime (1980).*
David Byrnes Bewerbungsvideo für die Schauspiel-
schule. Große Kunst.

74) *Foo Fighters – Learn to Fly (1999).* Brüller-Parodie
auf den Film *Airplane!* und eines der lustigsten
Drogen-Videos aller Zeiten.

75) *Michael Jackson – Billie Jean (1983).* Gene Kelly trifft auf den Moonwalk. Eine Mischung aus Musical und Popvideo.

76) *David Hasselhoff – Hooked On a Feeling (2002).* Hier jetzt den Witz zu erzählen hieße, ihn zu zerstören. Muss man gesehen haben.

77) *Laurent Garnier – The Sound of the Big Babou (1999).* Spannender als jeder Tatort. Action! Super Ende!

78) *Add N To X – Plug Me in (2000).* Ist ein Porno. Volles Rohr. Das muss man sich auch erst mal trauen.

79) *Frankie Goes To Hollywood – Relax (1983).* So sieht das aus, wenn Anzugtypen in den falschen Club geraten. Wild!

80) *OK Go – Here It Goes Again (2006).* Aberwitzige Laufbandchoreographie. Hat so noch niemand gemacht.

81) *Orbital – The Box.* Ein Mädchen bewegt sich wie in Zeitlupe, um sie herum ist alles in Hyperspeed. Als auf einem Fernseher am Ende des Clips die Worte «MONSTERS EXIST» eingeblendet werden, glaubt man das sofort.

82) *Herbie Hancock – Rockit (1983).* Am besten, man lässt Breakdance gleich von Robotern machen. Sieht echter aus. So wie hier.

83) *Sinead O'Connor – Nothing Compares 2 U (1990).* Man kann über sie oder den Song denken, wie man will. Aber wenn ihr die Tränen aus den Augen laufen, hat sie einen am Wickel.

84) *Sigur Rós – Untitled #1 (2005).* Majestätischer Horror in Reinkultur.

85) *Leftfield feat. Afrika Bambaataa – Africa Shox (1999).*
Als wäre er aus Porzellan, brechen bei einem Mann
nach und nach die Gliedmaßen ab. Am Boden liegend
hört er den irren Satz: «Do you need a hand?»
Regie: Chris Cunningham.

86) *Vitalic – Poney Pt.1 (2000).* Durch die Luft fliegende
Hunde. Ich warte immer noch auf die Katzenversion
davon.

87) *Fatboy Slim – The Joker (2004).* Aaah, hier ist sie!
Katzenbabys, die Karten spielen, Spielzeugauto fahren
und Mützen tragen. Süüüüüüüüß!

88) *Weezer – Island in the Sun (2001).* Und noch ein Tier-
babyvideo. Guckt die Plätze 86 bis 88 hintereinander,
dazu dann noch Platz 43 und 48, und ich verspreche
euch, ihr seid ein besserer Mensch.

89) *Rammstein – Keine Lust (2004).* Hätte einen Oscar
für Maske und Kostüm verdient. Sehen unfassbar aus,
die Kollegen.

90) *Tenacious D – Tribute (2002).* Die Typen haben voll
einen an der Waffel. Sieht man sehr deutlich in diesem
irrwitzigen Clip.

91) *The Verve – Bitter Sweet Symphony (1997).*
Richard Ashcroft geht die Straße lang und weicht
keinen Zentimeter von seiner Linie ab. Er rempelt
Leute an und läuft über Autos. Ist entweder als Hommage an oder Parodie auf «Unfinished Sympathy»
von Massive Attack zu verstehen.

92) *Duran Duran – Hungry Like the Wolf (1982).*
Die Blaupause aller Videos im Kolonialstil. Oder so.

93) *Robbie Williams – Rock DJ (2000).* Da muss man auch erst mal draufkommen, sich bis auf die Knochen auszuziehen. Top-Idee.

94) *D'Angelo – Untitled (2000).* Ich reagierte mit Schulterzucken. Einige Frauen, die ich kenne, leckten den Bildschirm ab.

95) *Robert Palmer – Addicted to Love (1986).* Ihr wisst schon, das ist der Clip mit den schwarzgekleideten Mannequins, die so tun, als wären sie eine Band. Toll.

96) *Korn – Freak On a Leash (1999).* Sehr guter Wechsel zwischen realen Szenen und Animation. Unterstützt den Song perfekt.

97) *Eminem – My Name Is (1999).* Die vier Minuten seines Lebens, in denen Eminem wirklich, wirklich lustig war.

98) *Fettes Brot – Emanuela (2005).* Schon 'ne lustige Idee, eine Musikkapelle durch die Wüste spazieren zu lassen.

99) *Michael Jackson & Janet Jackson – Scream (1995).* Mit über 7 Millionen Dollar Produktionskosten angeblich das teuerste Video aller Zeiten. Sieht man natürlich schon ein bisschen. Regie: Mark Romanek.

100) *Britney Spears – … Baby One More Time (1999).* Ja, ich weiß … Aber irgendwie hat es Kultcharakter.

MEINE GROSSE LIEBE

Fan des FC Bayern zu sein ist nicht leicht.

Manche sind es sogar heimlich –

wie Campino von den Toten Hosen

Der Ball kam auf etwa anderthalb Metern Höhe heran-
geflogen. Für einen Kopfstoß stand ich ungünstig, aber
wir lagen kurz vor Schluss hinten, und ich musste irgendwie an die Kugel rankommen und sie reinhauen. Ich
stand mit dem Rücken zum Tor und ließ mich nach hinten
wegfallen. Mit dem rechten Fuß holte ich aus und traf
den Ball voll. Wie an der Schnur gezogen sauste er in
den Winkel. Wahnsinn, ein Fallrückzieher!
Wie Klaus Fischer, dessen Fallrückziehertor gegen die
Schweiz 1977 zum Tor des Jahres gewählt wurde. Ich war
11 Jahre alt, als ich auf den Spuren Klaus Fischers wan-
delte. Das Spielfeld war der etwa zwanzig Quadratmeter
große Garten meines Kumpels Manfred, das Tor war das
etwa ein Meter fünfzig hohe und drei Meter breite, mit
Maschendraht überzogene Gartentor.
Aber egal, es war ein Tor, und da einen der Platzwart des
Fußballvereins, in dem man selbst Mitglied war, sofort
verscheuchte, wenn man sich außerhalb der Trainings-
zeiten Zutritt verschaffte, hatte man in Ermangelung von
Bolzplätzen keine andere Möglichkeit, als den Nach-
barsgarten umzupflügen. Bei uns im Garten ging's nicht,

weil man das Tor nur an jener Seite platzieren konnte, hinter der, nun ja, das Wohnzimmerfenster des anderen Nachbarn lag. Irgendwann wurde meinen Eltern der Spaß zu teuer.

Man vergisst diese Momente nie, in denen die Liebe zum Fußball entsteht. Ich kann mich an nicht mehr viele Dinge aus meiner Kindheit erinnern, ist ja auch schon eine ganze Weile her, aber ich weiß noch, wie ich mehrmals pro Woche mit meinem kleinen Bruder fünf Kilometer ins nächste Dorf geradelt bin, weil es dort ein richtiges 7,32 Meter breites und 2,44 Meter hohes Tor gab. Allerdings ohne Netz, weswegen wir ein großes Fischernetz klauen mussten, um es dranzuhängen, weil dieses Geräusch, wenn der Ball ins Netz klatscht, eins der schönsten der Welt ist.

Ich weiß auch noch, wie es uns wurmte, dass wir Ende der 70er Jahre unsere Eltern immer noch nicht davon hatten überzeugen können, dass diese 10-Mark-zwei-Streifen-Noppenstollen-Treter und der Billo-Lederball keine Ausstattung für Hochtalentierte waren. Ich musste 14 werden, bis ich drei Streifen mit Schraubstollen an meinen Füßen tragen durfte, und in den ersten vier Wochen nach ihrer Anschaffung trug ich diese Fußballschuhe vor lauter Glück sogar noch heimlich im Bett. Wir spielten jeden Tag, bis die Sonne unterging. Nach dem Abendbrot ließ einen der Fußball allerdings keineswegs los, der *Kicker* wollte auswendig gelernt werden, bevor man jede Zeile und jedes Foto des Lieblingsvereins ausschnitt und in einem Ordner ablegte.

Ich glaube, ich war 6, als ich merkte, dass der
FC Bayern München mein Leben lang mein Verein sein
würde. Als jemand, der in der Nähe von Ingolstadt auf-
wuchs, hatte man, was die geographischen Koordinaten
betraf, die Wahl zwischen dem 1. FC Nürnberg, dem
TSV 1860 München und dem FC Bayern München.
Ich finde nicht, dass man da lange überlegen muss.
Als ich etwa 12 Jahre alt war, ging es so richtig mit dem
Fankult los. Ich trug das Trikot sogar in der Schule; an
kälteren Tagen, also unter zwanzig Grad, wurde auch
noch der rot-weiße Schal umgehängt, mein Zimmer
war tapeziert mit Postern der Spieler, und wenn ich mit
meinem Papa ins Olympiastadion nach München fuhr,
hatte ich immer einen Block und einen Stift für Auto-
gramme dabei. Beim ersten Mal dachte ich tatsächlich,
dass ich beides einem Ordner überreichen könnte, auf
dass dieser mal eben Karl-Heinz Rummenigge unterschreiben lässt. Da wusste ich noch nicht, dass zwischen
mir und dem Spielfeld ein hoher Zaun, ein tiefer Graben
und eine sehr breite Tartanbahn liegen.
Wenn ich nicht im Stadion war, und das kam sehr oft vor,
denn München war weit, verfolgte ich im Bayerischen
Rundfunk die Radiosendung *Heute im Stadion*. Meistens
in der Badewanne, denn am Samstagnachmittag war für
den dreckigen Lauser traditionell Großreinemachen angesagt. Nicht selten wurde das Wasser kalt, weil ich vor
Aufregung außerstande war, warmes nachzulassen.
Auch die Haut wurde schrumplig, weil es natürlich nicht
ging, die Wanne vor dem Abpfiff zu verlassen.

Nicht alle Jungs mochten Fußball, und selbst die, die Fußball mochten, waren unerklärlicherweise oft nicht Fan eines Vereins. Ich litt im zarten Alter von 14 Jahren dagegen schon so sehr mit, dass ich vorm Fernseher heulend zusammenbrach, als Bayern 1982 das Finale im Europapokal der Landesmeister mit 0:1 gegen Aston Villa verlor.

Potenziert sollte ich einen derartigen Moment noch einmal erleiden. Nicht vorm Fernseher, sondern live im Stadion Nou Camp in Barcelona, und zwar am 26. Mai 1999. Ein Spiel, das Geschichte geschrieben hat, weil es das in einem Europacupfinale noch niemals vorher gab, dass eine Mannschaft in der Nachspielzeit das Spiel drehte.

Meine Freunde und ich hatten blendende Laune. Bayern führte seit der 6. Minute 1:0, und bis zur 90. Minute dachte man nicht daran, dass sie den Pott noch aus der Hand geben würden. Wir freuten uns schon still und heimlich, denn zeigen konnten wir es nicht so richtig, weil wir über dunkle Kanäle nur noch Karten für den Manchester-United-Block bekommen hatten.

Dann kam die Ecke in der 91. Minute und zwei Minuten später nochmal eine. Der Block rastete komplett aus, über unseren Köpfen sprangen und krochen ManU-Fans, wir begraben unter ihnen, heulend. Eine gefühlte halbe Stunde nach dem Abpfiff saßen wir immer noch schluchzend da, dann gingen wir einfach.

Irgendwohin. Keiner konnte und wollte mehr denken oder sich daran erinnern, wo unser Hotel war. Bis fünf

Uhr morgens irrten wir mit verquollenen Augen durch die Stadt, bis endlich mal einer auf die Idee kam, jemanden nach dem Weg zu fragen. Dann war das auch noch ein Schotte! Der hatte zwar mit Fußball nichts am Hut, aber er war immer noch ein Landsmann von Alex Ferguson, dem Trainer von Manchester United. Wir fingen wieder an zu flennen.

Dieses Trauma wurde ich erst beim Champions-League-Finale 2001 wieder los, obwohl es lange Zeit nicht danach aussah. Bayern war gegen den FC Valencia schon in der 3. Minute durch einen zweifelhaften Handelfmeter in Rückstand geraten, Mehmet Scholl vergab kurz darauf ebenfalls per Elfmeter die große Chance zum Ausgleich, erst in der 50. Minute gelang Stefan Effenberg selbiger. In der Verlängerung tat sich nichts. Beim Elfmeterschießen hielt Oliver Kahn wie in Trance drei (!) Strafstöße. Dieses Mal heulte ich vor Glück.

Leute, die sich nicht für Fußball interessieren, haben wahrscheinlich schon längst aufgehört, diese Zeilen zu lesen. Man hat sie, oder man hat sie nicht, diese Leidenschaft. Klar ist: Man kann sie niemandem an die Backe schreiben oder reden.

Die Liebe zu einem Fußballverein ist eine Liebe fürs Leben. Man geht durch dick und dünn. Schluss gemacht wird nicht. Ich weiß, dass ich Fan des meistgehassten Clubs Deutschlands bin. Aber hey, viel Feind, viel Ehr! Es prallt an mir ab, dieses Gelaber über die reichen Schnösel-Bayern, die den anderen die besten Spieler wegkaufen. Oder die Behauptung, dass Bayern-Fans nicht leidensfähig sind, weil sie nie einen Abstieg ihrer Mannschaft erleben mussten, denn wer so etwas sagt, wird nie die Dimension des 26. Mai 1999 begreifen. Letzten Endes sind all diese Animositäten eh nur durch Neid motiviert. Wer ehrlich ist, wird sagen, dass der FC Bayern nicht als wohlhabender und erfolgreicher Verein auf die Welt gekommen ist. Sie mussten erst in die Bundesliga aufsteigen und haben sich alles, was danach kam, rechtschaffen und intelligent erarbeitet. Seit Jahren ist der FCB nahezu im Alleingang dafür verantwortlich, dass Deutschland in der UEFA-Fünfjahreswertung noch vor Rumänien und Portugal ist. Wahrscheinlich würde es auch den FC St. Pauli nicht mehr geben, wenn nicht ausgerechnet der Klassenfeind ein Benefiz-Spiel bestritten hätte, das 270 000 Euro in die leeren Kassen spülte.

Dazu kommen Sofortspenden und längerfristige Hilfsmaßnahmen für die Flutopfer in Südostasien und Sachsen sowie viele andere wohltätige Projekte, die gerne übersehen werden.

Ich gebe zu, dass der FC Bayern zumindest hinsichtlich seiner Außenwirkung mit Leuten wie Uli Hoeneß oder Oli Kahn grenzwertige Charaktere in seinen Reihen hat, aber gerade diese beiden stehen, wenn man es positiv betrachtet, auch dafür, wie sehr man Fußball leben kann. 1979, als Hoeneß Manager wurde, stand der FC Bayern durch Misswirtschaft und andere Unregelmäßigkeiten seiner Vorgänger vor dem Bankrott. Sein erster Spielerkauf war sein Bruder Dieter, für 175 000 Mark. Während der späten 70er und frühen 80er Jahre gaben einige andere Bundesliga-Vereine deutlich mehr Geld für Transfers aus als Bayern München. Und doch wurde der Verein zwischen 1985 und 1990 fünfmal deutscher Meister.

Niemand konnte sich diese Dominanz erklären, nur Werder Bremens damaliger Manager hatte eine an den Haaren herbeigezogene Erklärung parat: Geld. Dabei waren die Bayern 1984 durch den Verkauf Karl-Heinz Rummenigges an Inter Mailand gerade mal ihre Schulden losgeworden, von Reichtum konnte zu dieser Zeit also noch längst keine Rede sein. Der kam erst viel später, und er kam wegen des Erfolgs und nicht durch einen russischen Energiekonzern oder bemitleidenswerte Kleinaktionäre.

Dennoch sah sich eine der erfolgreichsten Bands Deutschlands 1999 dazu genötigt, einen Anti-FCB-Song aufzunehmen. In «Bayern» von den Toten Hosen heißt es: «Was für Eltern muss man haben, um so verdorben zu sein, einen Vertrag zu unterschreiben bei diesem Scheißverein?!» Nun, einen Vertrag hat dort zum Beispiel auch Mehmet Scholl unterschrieben, erwiesenermaßen ein Fußballgott, spielerisch wie auch menschlich tipptopp.

Was heimlich wohl auch Campino so sah, sonst hätte er sich beim Echo 2005 nicht so lange und herzlich mit Mehmet unterhalten und sich dabei auch noch fotografieren lassen. Bis heute konnte er zwar verhindern, dass dieses Foto an die Öffentlichkeit geriet, jedoch wird durch diese Sache klar: Irgendwie sind sie alle – auch die größten Bayern-Hasser – ein bisschen Campino. Am gestrigen Donnerstag spielte der FC Bayern in Aberdeen. Ich hab mich mal wieder maßlos über die haarsträubenden Abwehrfehler geärgert, die es den Schotten ermöglicht haben, aus drei halben Chancen zwei Tore zu machen. Bayern wird im Rückspiel weiterkommen, insofern war das alles nicht so dramatisch. Nicht so schlimm wie die entscheidenden Niederlagen, durch welche die Mannschaft in den vergangenen Jahren aus der Champions League ausschied. Das sind dann Momente, die mich so traurig und wütend machen, dass ich mir dabei stets wünsche, ich würde mich nicht die Bohne für Fußball interessieren. Aber das wird niemals passieren, und das ist auch gut so.

DIE JUGEND VON HEUTE

Den ganzen Tag im Internet, Flatrate-Saufen,

Drogen nehmen – bei den jungen Menschen läuft was

schief, sagen viele Erwachsene.

Welch ein Unsinn.

Mit meinen 40 Jahren wäre ich eigentlich längst alt genug, um über die «Jugend von heute» zu schimpfen. Tu ich aber nicht. Ich finde die Jugend gut. Schließlich bin ich ja von Berufs wegen selbst noch ein Jugendlicher.

Ja, der Kavka ist ein Berufsjugendlicher, das höre und lese ich durchaus häufiger, vor allem in den letzten Tagen. Kein Wunder, zumal ich die Steilvorlage dazu mit meinem Auftritt bei Maybrit Illner selbst geliefert habe. Thema der Show: «Glotzen statt klotzen – was läuft schief bei der Jugend von heute?» Über die Sendung selbst ist an anderer Stelle genug geschrieben worden, von daher lasse ich das Drumherum weg und bleibe einfach beim Thema.

Eines vorweg: Die Jugend darf prinzipiell immer alles, und wenn darunter nicht Dinge wären, die Erwachsene komplett irritieren, würde etwas eklatant falsch laufen. Dieser Sachverhalt existiert wahrscheinlich schon so lange, wie es die Menschheit gibt. Als Beleg dafür wird mancherorts gerne diese 3000 Jahre alte babylonische

Inschrift zitiert, in der ganz übel auf der Jugend rumgehackt wird. Und obwohl diese Worte schon vor so langer Zeit in Stein gemeißelt wurden, bekommt Generation für Generation sie nahezu eins zu eins um die Ohren gehauen.

Meine eigene Jugend (und ich meine jetzt die reale, nicht die berufliche) hielt für meine Eltern auch so manches Rätsel parat. Warum sieht unser Sohn so komisch aus? Warum hört er diese merkwürdige Musik? Warum wählt er eine ganz andere Partei? In allen Fällen hätte ich antworten können: weil ich euer Kind bin.

Nun waren meine Eltern natürlich nicht ursächlich dafür verantwortlich, dass ich ein Grün wählender Gothic war, aber wegdiskutieren kann man nicht, dass es seit Urzeiten die Erwachsenenwelt ist, die «solche» Jugendliche hervorbringt und prägt. Mir ging es damals um Abgrenzung und Auflehnung, es war beileibe nicht persönlich gemeint, denn ich liebte meine Eltern ohne Wenn und Aber. Doch so ganz sah ich eben nicht ein, warum ich mit 16 schon so aussehen, denken und leben sollte wie sie.

Es war in den 80er Jahren auch gar nicht so schwer, sich abzugrenzen, man musste nur ein wenig an sich rumstylen, andere Musik als Schlager hören und zwischendurch mal Sachen wie «Null Bock», «Petting statt Pershing» oder «Atomkraft – nein danke» irgendwo hinschmieren.

Für die heute junge Generation ist das nicht mehr ganz so einfach. Wenn die 16-jährige Tochter mit einem irrwitzigen Färbe- und Asymmetrieszenario auf dem Kopf vom

Friseur kommt, fällt Mutti nicht mehr wie früher in Ohnmacht, sondern besteht darauf, beim nächsten Termin auch mit von der Partie sein zu dürfen. Und nach dem Haareschneiden kann man ja noch direkt gemeinsam bei H&M einkaufen gehen.

Ein ähnliches Bild herrscht bei Vater und Sohn, wenn es mal wieder darum geht, wer jetzt die cooleren Sneakers trägt. Da bleibt dem Jugendlichen als letzter Ausweg dann oft nichts anderes übrig, als Bushido zu hören, damit es wenigstens irgendwas gibt, das die Eltern jetzt nicht ganz so super finden. Politische Auflehnung findet nur noch am äußersten rechten und linken Rand statt, aber das ist keine Abgrenzung gegenüber der Erwachsenenwelt, sondern eine Ablehnung von Demokratie.

Was also tun, wenn du jung bist? Wohin mit dem Druck, wie damit umgehen?

Mein subjektives Empfinden ist, dass die jetzige Generation mit ungleich mehr Druck klarkommen muss, als das in meiner Jugend der Fall war. Zukunfts- und Versagensängste waren zwar auch in den 80ern ein Thema, jedoch längst nicht in dem Maße, wie es heutzutage der Fall ist. Dazu kommen die soziale Auslese, der Markenwahn, die Wertigkeit nach Größe des Geldbeutels und viele andere Dinge, die es bis dato noch nicht in dieser Intensität gab. Ihnen begegnen die jungen Menschen kaum mehr mit Renitenz und Rebellion, sondern mit Gehorsam, Anpassung und erhöhter Leistungsbereitschaft. Sie verstärken den Druck auf sich selbst sogar noch zusätzlich, wenn es darum geht, unter ihren Altersgenossen die Nase vorn zu haben.

In so mancher Jugendstudie wird diese Leistungsbereitschaft, sowie im weiteren Zuge das Streben nach Sicherheit und traditionellen Werten, als rundum positiv dargestellt, dabei wird leider oft übersehen, wie dramatisch es sein kann, wenn Jugendliche an dieser Aufgabe scheitern. Dann wird dichtgemacht, und hinter verschlossener Tür geht es zum Flatratesaufen, Drogennehmen, Killerspielezocken und Leuteverprügeln – um jetzt mal in einem Atemzug sämtliche negativen Klischees zu bemühen, die man mit der heutigen Jugend in Verbindung bringt.

Sicher, Alkoholismus unter Jugendlichen ist erwiesenermaßen ein Problem. Aber es ist kein exklusives Problem der Jugend, sondern eines dieser Gesellschaft. Solange Papa sich ein Bier nach dem anderen aufmacht, die Hälfte des Werbeblocks bei Fußballspielen aus Bierspots besteht und Primetimeshows von Alcopopsherstellern gesponsert werden, fällt es jungen Menschen schwer, Alkohol als nicht rechtmäßiges Mittel zum Druckabbau und Spaßgewinn zu akzeptieren. Gibt es überall und jederzeit zu kaufen und kostet auch nicht wirklich mehr als Bionade. Kann also so verkehrt nicht sein. Und Drogen? Pah, Mama hat schließlich auch mal gekifft, außerdem kommen Pete Doherty und Amy Winehouse dafür doch auch nicht ins Gefängnis.

Wie reagieren die Erwachsenen darauf? Indem sie natürlich mal wieder alles verbieten wollen, am besten auch

noch gleich das komplette Internet und sämtliche Video-
spiele, wenn man schon mal dabei ist, weil man davon
ja einsam, gestört und gewalttätig wird. Verbote wären
jedoch nichts anderes als die laue Bekämpfung von
Symptomen unter jeglichem Verzicht auf Ursachenforschung. Ich kenne sie auch nicht, die Ursachen, aber
vielleicht sollte man mal bei unserem Bildungssystem
anfangen. Oder ist es etwa nicht so, dass jemand, der
mit 11 Jahren in die Hauptschule kommt, schon sehr früh
einen Verliererstempel auf der Stirn trägt, den er nie
wieder loswird? Wie soll man unter diesen Vorzeichen
auch nur ein Fünkchen Optimismus entwickeln? Für
die Statistik ist man dann irgendwann, wenn es ganz
schlecht läuft, einer dieser «jugendlichen Gewalttäter
aus bildungsfernen Schichten».
Und apropos: Wie ist er denn, der Umgang mit Gewalt
in unserer Gesellschaft, wenn die Nachrichten beim
Privatfernsehen zu den grausamsten Dingen gehören,
die man auf einem Bildschirm gucken kann?
Nächster Punkt: die Jugend und das Internet. Im Herbst
letzten Jahres wurden die Ergebnisse einer Jugendstudie von MTV und Microsoft veröffentlicht, aus der unter
anderem hervorging, dass jeder deutsche Jugendliche
fünfunddreißig Freunde hat, von denen elf reine Online-
Freunde sind, die er persönlich noch nie getroffen hat.
Das Entsetzen in der Erwachsenenwelt war groß. Der
Journalist Peter Hahne kippte in seiner Kolumne in der
Bild am Sonntag fast vom Stuhl: Ja, gehen denn die
jungen Leute nicht mehr raus und spielen miteinander?!

Man muss jemand doch beim Kommunizieren in die Augen gucken!

Herrje. Auf so einen Scheiß können auch nur die Alten kommen. Erstens: Ohne die elf Online-Freunde hätte der Jugendliche dann eben nur vierundzwanzig «echte». Insofern sind die elf «unechten» als Bonus zu sehen. Zweitens: Was vollkommen außer Acht gelassen wird, ist die Tatsache, dass Jugendliche das Internet eben nicht als Zeitvernichtungsmaschine und Desozialisierungsinstrument nutzen, sondern unter anderem ganz gezielt zur Kommunikation, und zwar als Ergänzung jener verklärten von Angesicht zu Angesicht, nicht als Ersatz für diese. Von den Möglichkeiten, die das Netz in kreativer Hinsicht bietet, wollen wir gar nicht reden.

Was man der Jugend außerdem vorwirft, ist ihre Politikverdrossenheit. Ist auch Quatsch und wurde bestimmt von Parteipolitikern lanciert. Auf die bezogen stimmt das sogar, aber daran sind sie selbst schuld. Was den etablierten Parteien also bleibt, ist der Neid auf Umweltschutzgruppen, Friedensinitiativen und Menschenrechtsgruppen, die sich seitens Jugendlicher regen Zuspruchs erfreuen.

Irgendwann stellte Maybrit Illner in eingangs erwähnter Sendung dann fest, dass bei der «heutigen Jugend offenbar doch gar nicht so viel falsch läuft». Stimmt, und zwar genauso viel oder wenig wie bei den letzten und allen folgenden Generationen.

MYTHOS FESTIVAL

Heeeelga! Musikfestivals sind laut, schlammig, heiß oder verregnet. Alles kein Problem, so lang dir niemand ins Zelt kackt. Tipps vom Profi.

Am vergangenen Wochenende war ich mal wieder bei Rock am Ring. Es war bereits das elfte Mal in meinem Leben, und ich habe auch diesmal wieder alles gesehen. Deswegen gibt es hier und jetzt, getreu dem Motto «Lernen von den Alten», einen kleinen Rundumschlag. Zuerst mein wichtigster Tipp in Sachen Festivals: Nehmt ein Vorhängeschloss fürs Zelt mit. Und zwar nicht, um damit auszuschließen, dass euch jemand das Teil ausräumt, sondern um zu verhindern, dass – Achtung! – einer reinkackt! Ja, richtig gelesen. So und nicht anders erging es nämlich einem Kumpel von mir. Offenbar hatte jemand beschlossen, dass das nächste Dixiklo entweder zu weit weg, zu ungemütlich oder die Schlange davor zu lang war – was läge also näher, als entspannt sein Häufchen in den Gemächern eines Fremden zu hinterlassen? Ist ja nicht persönlich gemeint, war halt nur gerade praktisch.

Diese kleine Episode sagt viel über den Mythos Festival aus. Ein Wochenende lang werden kollektiv alle Be-

nimm- und Hygieneregeln über Bord geworfen. Stattdessen wird alles dem Spaß untergeordnet, nach beinahe
archaischen Prinzipien wird ein Gemeinschaftsgefühl
beschworen, das es, vielleicht mit Ausnahme der Fan-
kurve im Fußballstadion, ansonsten in freier Wildbahn
nicht mehr gibt.

Längst hat sich eine eigene Festivalkultur gebildet.
Während früher die Menschen in erster Linie wegen
der Bands hingegangen sind, wird das Ganze heute als
Event begriffen, bei dem es fast egal ist, wer da gerade
auf der Bühne steht. So manch einer hat noch nicht mal
ein Ticket fürs Gelände, sondern genießt einfach als
Zaungast die Atmosphäre auf dem Campingplatz.

Unbeteiligten ist dieser Hype ein großes Rätsel. Ihre
meistgestellte Frage lautet daher: Warum tut sich jemand das alles an?

Den Dreck, die Enge, die Lautstärke, die Hitze, die Kälte,
den Regen, den Gestank, die Besoffenen, die überzo-
genen Preise?

Antwort: Weil's geil ist!

Denn wenn man die vermeintlich negativen Begleiter-
scheinungen eines Festivals mal Punkt für Punkt durch-
geht, wird man schnell feststellen, dass das eigentlich
alles gar nichts ausmacht.

Der Dreck

Anders als im Elternhaus oder der top geführten WG will
man bei Festivals gar nicht vom Boden essen können.
Man muss auch nicht schick aussehen, schließlich tun

das alle anderen ja auch nicht. Im normalen Leben wird man immer komisch angeguckt, wenn die Klamotten mit Schlamm vollgesaut sind, sich der Schmodder unter den Fingernägeln sammelt und man streng riecht. Dabei macht dreckig sein doch so viel Spaß, das war schon als Kind so. Sich im Schlamm rumzuwälzen hat was Befreiendes. Außerdem gibt es ja Waschmaschinen beziehungsweise Müllcontainer, in denen man die komplette Garderobe einschließlich der Schuhe entsorgen kann.

Die Enge

Mal ehrlich: Was soll das denn für ein Festival sein, bei dem der Nebenmann meterweit von einem entfernt ist? Totaler Totentanz, braucht keiner. Das Erlebnis, vor der Bühne zu stehen, ist nur dann vollkommen, wenn zwischen dich und den neben dir keine Briefmarke mehr passt. Andernfalls wären Stagediven und Crowdsurfen auch reichlich problematische Unternehmungen. Schuhabdrücke in der Fresse sind in diesem Zusammenhang kein Malheur und werden im Sinne einer Auszeichnung auch nicht abgewaschen.

Die Lautstärke

Wer kennt es nicht, das leidige Problem mit den Nachbarn, wenn man die Lieblingsband endlich mal in angemessener Dezibelzahl hören will? Da ist es doch ganz wunderbar, wenn man dann vor diesen Boxentürmen steht und einem die Hosenbeine flattern. Vorsicht ist natürlich geboten, wenn man links oder rechts vorne direkten Kontakt mit der Lärmquelle hat. Aber für so einen Fall gibt es ja immer noch Ohrenstöpsel, die zu tragen entgegen vieler Annahmen nicht weicheierig, sondern vernünftig ist.

Die Hitze

Kommt gefühlt eher selten vor, aber auch dagegen kann man sich wappnen. Vielleicht nicht, indem man noch mehr Bier säuft, sondern eher mit ausreichend Wasserzufuhr, luftigen Klamotten, Sonnencreme, Kopfbedeckung und Taschenventilator. Auch hier gilt das goldene Motto: lieber erstickt als erfroren. Und damit wären wir schon beim nächsten Punkt.

Die Kälte

Hier gilt: Es gibt kein falsches Wetter, sondern nur falsche Kleidung. Da spreche ich aus Erfahrung, seitdem ich damals bei «Rock am Ring» die Wettervorhersage nicht ernst nahm und deswegen in meinem dünnen Sommerjäckchen bei 3 Grad und Schneeregen zu Radiohead gebibbert habe. Daher: Wetterbericht studieren und notfalls die Winterklamotten nochmal rausholen. Auch ein Polardaunenschlafsack kann Leben retten!

Der Regen

Tut mir leid, aber: muss sein. Wo würde denn sonst der Schlamm herkommen, in dem man sich wälzen will? Die richtig legendären Festivals sind ohnehin die Schlammorgien, über die Schönwetterausgaben redet im Nachhinein kein Mensch. Außerdem fördert so ein tüchtiger Schauer zum einen das Gemeinschaftsgefühl, zum anderen spricht er urzeitliche menschliche Überlebens- und Abenteuerinstinkte an, ganz nach dem Motto: «Hier bin ich, und ich trotze allen Naturgewalten, um diese Band zu sehen!» Bei Regen empfehle ich zudem ein deftiges «Scheiß Tribüüüüne!» in Richtung überdachter VIP-Plätze.

Der Gestank

Hier greift die Regel: Wenn ich selbst stinke, macht mir der Gestank von allem anderen nichts mehr aus. Duschen fällt also für drei Tage aus, es sei denn mit Bier. Zugegeben, bisweilen riecht es besonders in der Nähe der Dixikloreihen wie in einem Pumakäfig, vom Aroma in den Teilen drin wollen wir gar nicht erst reden. Aber hey, im Mittelalter gab es auch keine Spülung, und es verlangt ja keiner von einem, sich länger als nötig im Dixiklo aufzuhalten. Mit einmal ordentlich Luft anhalten haut das schon hin. Ist eh ratsam, sich zügig vom Acker zu machen, um nicht Opfer des derben Festivalstreiches «Klo umschmeißen» zu werden.

Die Besoffenen

Klar nerven die, vor allem, wenn man selbst nicht besoffen ist. Ich weiß noch, wie ich bei «Rock am Ring» von einem torkelnden Typen aus einem auf seinen Rücken geschnallten Trinkschlauch eine goldgelbe, kohlensäurelose Flüssigkeit angeboten bekommen habe, von der ich bis heute nicht genau weiß, was es war. Apfelsaft fällt bei Festivals ja in der Regel aus. Ich hoffe mal, dass es abgestandenes Bier war. Wenn man das möchte, ist ein bisschen Alkohol schon in Ordnung. Zu viel rächt sich meistens. Entweder man verpasst seine Lieblingsband und/oder kotzt sich selbst ins Zelt.

Die überzogenen Preise

Längst überschreiten die Ticketpreise die 100-Euro-Grenze, zusammen mit überteuerten Getränken und Junk-Food plus noch ein bisschen Merchandise und der Anreise ist man schnell bei 300 Euro für ein Wochenende. In der Musikbranche sind Festivals die einzige Sache, die boomt. Deswegen wurden sie in den letzten Jahren auch zunehmend kommerzialisiert, professionalisiert und teurer gemacht, weil alle Beteiligten damit noch richtig Zaster verdienen können. Nüchtern betrachtet sind 100 Euro für hundert Bands und das Money-Can't-Buy-Gemeinschaftsgefühl on top natürlich ein ordentliches Preis-Leistungs-Verhältnis, und solange die Besucherzahlen nicht rückläufig sind, werden das auch die Veranstalter so sehen. Da heißt es also leider Augen zu und durch.

Am Schluss will ich noch einem weitverbreiteten Irrglauben den Garaus machen, nämlich: Backstage ist cool. Ist es überhaupt nicht. All den Leuten, die es als erstrebenswert erachten, hinter der Bühne rumzuhängen, kann ich nur sagen: Dort ist es arschlangweilig. Die

Bands sind so lange unsichtbar, bis sie vor irgendeine Kamera gezerrt werden und Promo machen müssen oder eben auf die Bühne schlappen. Ansonsten sind die alle in ihren Tourbussen oder hängen irgendwo am Buffet rum. Ihnen beim Essen zuzuschauen ist aber auch nicht sonderlich spannend. Außerdem ist der Sound hinter der Bühne beschissen.

In diesem Sinne: «Heeeeeeeeeeelga!»

Das traurigste Mixtape der Welt

Kassetten sind unpraktisch.

Aber kein Liebesbrief sagt mehr aus als eine mühsam komponierte Kassette mit handgemaltem Cover.

Ich bin neulich im Internet auf eine lustige Seite gestoßen: muxtape.com. Das Prinzip ist einfach. User stellen ein MP3-«Mixtape» aus bis zu zwölf Tracks zusammen, die anderen Mitglieder können es anhören. Und wie es sich für ein Mixtape gehört, handelt es sich nicht um Dance-Mixes, sondern Songkollektionen mit verschiedensten Themen und Mottos. Nette Spielerei, und doch fragte ich mich sofort: Weiß eigentlich noch jemand, was eine Kassette ist – beziehungsweise war?

Keine Angst, das wird jetzt kein Nostalgie-Gelaber, aber wenn von einem Mixtape die Rede ist, neige ich nach wie vor dazu, das Ganze wörtlich zu nehmen. Hier ist ein Tape, also eine Kassette, und hier sind die Lieder, die da draufkommen.

Natürlich ist das alles saumäßig unpraktisch. Es klingt zudem mies, weil das Rauschen auch mit Dolby nicht wegzubekommen ist, und wenn man das Ding zu oft gehört hat, sind die Höhen weg, es gibt Dropouts und Schlierengeräusche. Irgendwann reißt dann schließlich das Band vollends, und wenn man es mit Klebeband oder Uhu flickt, ist es erst recht kein Hörvergnügen mehr.

Dennoch habe ich bis heute nicht mit dieser Tradition gebrochen. Zu meiner Stereoanlage gehört noch immer ein Kassettendeck, und wenn ich jemand mit Musik beschenke, passiert das unverändert in Form eines Tapes, auch wenn ich zunehmend direkt einen auf dem Flohmarkt gekauften Walkman dazuschenken muss, weil die Person sonst nie erfahren würde, was sich auf dem Tape befindet. Selbst Autoradios mit Kassettenteil sind weitestgehend ausgestorben.

Schon CD-Mixes ernteten nur meinen Argwohn, bei MP3s steige ich nun allerdings vollends aus, denn da fehlt mir ein äußerst wichtiger Bestandteil, nämlich das Cover. Meine waren stets selbstgeklebt oder selbstgemalt, wobei Letzteres selten ästhetischen Minimalanforderungen genügte, denn ich bin ein miserabler Maler. Wenn auf Empfängerseite viel Wohlwollen im Spiel war, konnte es höchstens als naive Kunst durchgehen, meistens gab es aber als einzigen Kommentar ein leidlich vernichtendes «Süß!». Na ja.

Einmal übersandte ich der Dame meines Herzens ein Mixtape mit dem Titel «Nah am Wasser». Unsere Liaison war von allerlei Schwierigkeiten geprägt, sagen wir ruhig, es war alles ganz schön zum Heulen, weswegen sich auf der Kassette ausschließlich unfassbar traurige Songs befanden, in deren Texten am laufenden Band die Worte «cry», «tear» oder «weep» auftauchten. Die Coverillustration zeigte uns beide auf einem Felsen stehend und ins Meer heulend. Mich erkannte man nur an den drei Streifen auf den Schuhen, sie nur an ihrem Stern-Tattoo. Der Rest war Gekrakel, hoffentlich hat das Tape nie jemand außer ihr gesehen. Mit dem Artwork konnte ich jedenfalls nie punkten, insofern hing der Erfolg fast ausschließlich von der Songauswahl ab.

Ihr merkt schon, ich rede inzwischen nur noch von den Mixtapes, die ein Junge für ein Mädchen macht. Natürlich habe ich unzählige Mixtapes für mich selbst gemacht, es gab für nahezu jede meiner Lebenslagen ein Mixtape. Auch für meine Kumpel habe ich viele zusammengestellt, wobei das Ganze unter Jungs eher so ein Nerd-Ding unter der Vorgabe ist, wer dem anderen mehr Songs unterjubeln kann, die er noch nicht kennt.

Doch die Königin unter den Mixkassetten ist jene, die für eine Dame gemacht wird. Die erste tackerte ich mit etwa dreizehn Jahren zusammen. Ich hatte zu dieser Zeit erst drei oder vier Platten, also musste ich die Songs von den Tapes, die ich vom Radio aufgenommen hatte, auf das andere Tape übertragen. Ich verband dazu meinen und den Kassettenrecorder meines Bruders mit einem sogenannten Überspielkabel. Das war mühsam und klang am Ende beschissen. Aber der gute Wille zählte, und das beschenkte Mädchen fand die Aktion auch richtig heiß.

Derart ermutigt mutierte ich in den folgenden Jahren zum Mixtape-Maniac. Ich fing schon bald an, mir ein Song-Archiv aufzubauen, in dem die Stücke nach Stimmung, Anlass, Textinhalt und vielen weiteren Kategorien katalogisiert waren, sodass ich stets das Optimale rausholen konnte.

Grundsätzlich gilt: Mixtapes sollen viel über ihren Macher aussagen, dabei aber gleichzeitig Interesse an und Respekt vor der beschenkten Person signalisieren. Insofern galt es zum Beispiel festzulegen, welche Songs sich für einen perfekten Einstieg eigneten und welche eher für einen bedeutungsschwangeren Schluss. Auch wichtig: Verstand man, was der Typ da sang? Ist der Songtitel auch ja nicht irreführend?

Wobei sich das mit den Titeln und Texten, so gesehen also der kompletten Beschriftung des Innencovers, in den meisten Fällen als komplett überflüssig herausstellte, denn wenn es von Mädchenseite mal eine weiterreichende Rückmeldung als «Danke» gab, dann lautete diese stets so ähnlich wie «Das dritte Lied fand ich am schönsten».

Wahrscheinlich hätte ich mir auch den ganzen anderen Frickelquatsch sparen können. Zum Beispiel das Aus-Timen. Mittels kompliziertem Rumgerechne versuchte ich stets, am Ende jeder Seite möglichst wenig unbespieltes Band übrigzulassen. Im Idealfall begann direkt nach dem letzten Ton das Leerband, sechs Sekunden später machte es dann «klack», und das Tape war zu Ende. Den letzten Song auszufaden ging nicht, weil man damit dem Stück weh tat, außerdem hatte ich eh kein Mischpult, das mir dies technisch ermöglichte. Erschwerend kam hierbei hinzu, dass eine Seite einer C-90-Kassette je nach Hersteller unterschiedlich lang war. Exakt 45 Minuten waren es nie, weswegen es unerlässlich war, das Band erst mal leer durchlaufen zu lassen und dabei die Zeit mitzustoppen. Ich war zweifelsohne sehr glücklich, als irgendwann Tapedecks mit Echtzeitzählwerk auf den Markt kamen.

Ebenfalls nicht undelikat: die Bedienung der Pausentaste. Ich hatte mir im Laufe der Zeit diesbezüglich eine große Fingerfertigkeit erworben. Der Zweck der Übung war, das Klickgeräusch, das die Aktivierung dieser Taste zu Beginn des Aufnahmevorgangs verursachte, weitestgehend unhörbar zu machen. Ich kann auch nicht genau erklären, wie ich das immer geschafft habe, man muss das wirklich jahrelang trainieren. Mittlerweile herrscht zwischen der Pausentaste meines Kassettenteils und mir eine fast zärtliche Liebesbeziehung.

Weitere selbstauferlegte Regeln beim Mixtapen waren und sind: Nicht gleich mit der Tür ins Haus fallen. Das erklärte Lieblingslied des Mädchens als ersten Track zu wählen, würde wohl in den meisten Fällen bedeuten, dass sie die Kassette nie über diesen Track hinaus hören wird. Also ab damit ans Ende, aber auch nur, wenn es zum vorletzten Stück passt.

Außerdem: Niemals zwei Songs von einem Künstler, das könnte ja einfallslos wirken. Und: Nicht zu viele total unbekannte Stücke, das könnte die Hörerin überfordern, aber auch nicht zu viele bekannte, weil das sonst am Auskenner- und Heldenstatus kratzen könnte.

Weitaus schlimmer als das Ignorieren dieser technischen

und theoretischen Mühen fand ich jedoch, wenn die Empfängerin in keinster Weise die narrative Struktur und die ausgefeilte Dramaturgie meiner Arbeit erkannte. Kassettenspieler haben gegenüber CD- und MP3-Playern zumindest hinsichtlich eines Mixtapes einen großen Vorteil: Man kann nicht skippen. Vorspulen ja, aber das ist mühsam, insofern werden Mixkassetten in der Regel an einem Stück gehört, und genau dieser Umstand ist der Schlüssel für einen nicht zufälligen Aufbau. Ein Mixtape zu machen ist, wie Nick Hornby in seinem Roman *High Fidelity* ganz richtig feststellte, wie einen Brief zu schreiben. Man löscht Dinge, man denkt nochmal darüber nach, man fängt von vorne an, alles, um am Ende genau das Richtige gesagt zu haben.

Und weil das so ist, war ich einmal auch sehr beleidigt. Ich fuhr bei einem Mädchen, dem ich eine Kassette geschenkt hatte, im Auto mit. Sie machte das Radio an und fingerte in der Ablage nach einem Tape. Zu meiner großen Freude zog sie meins raus. Ich erkannte es sofort wieder, weil ich nicht nur das Cover, sondern auch die Kassette selbst künstlerisch gestaltet hatte. Doch was musste ich hören? Es war nicht mehr meine Musik drauf, die blöde Kuh hatte sie doch tatsächlich mit irgendeinem anderen Quatsch überspielt. Und es kümmerte sie noch nicht mal, dass ich das jetzt mitbekam. Dabei hatte ich doch wie immer die Laschen zur Löschsperre herausgebrochen! Das raffinierte Luder muss die so entstandenen Einkerbungen mit Tesa überklebt haben!

Das alles ist wirklich so, als würde man die Rückseite

eines Liebesbriefes erst mit einer Einkaufsliste beschreiben, um ihn dann noch im Supermarkt wegzuschmeißen. Klar, dass diese Dame niemals mehr ein Mixtape von mir bekam, überhaupt wollte ich sie nach diesem Vorfall nicht mehr wiedersehen.

Ich weiß nicht, was aus all den Mixtapes geworden ist, die ich in den letzten fast dreißig Jahren verschenkt habe. Besonders das Schicksal einer ganz bestimmten Kassette würde mich brennend interessieren. Es ist das einzige Exemplar, von dem ich für mich selbst eine Kopie gemacht habe, weil das Erstellen dieses Mixtapes so intensiv war, dass ich das irgendwie konservieren wollte. Es stammt aus dem Jahr 1997 und heißt «Das traurigste Tape der Welt». Das Cover ist recht schlicht gehalten. Auf schwarzen Hintergrund ist ein weißes Smiley gemalt, allerdings sind die Augen ein «X», die Nase fehlt und die Mundwinkel zeigen nach unten – was das Ganze dann wohl eher zu einem «Sady» macht, falls es so etwas gibt.

Das Tracklisting lautete wie folgt:

A

1) Spiritualized – Broken Heart
2) Mazzy Star – Into Dust
3) The Smiths – Asleep
4) Swans – Failure
5) Christian Death – Gloomy Sunday
6) Jeff Buckley – Hallelujah

7) Joy Division – Atmosphere
8) This Mortal Coil – Song to the Siren
9) Leonard Cohen – Avalanche
10) The Verve – History

B

1) Nine Inch Nails – Hurt
2) Portishead – Roads
3) Coil – Tainted Love
4) Blur – This Is a Low
5) The Cure – Cold
6) Mojave 3 – Mercy
7) New Order – In a Lonely Place
8) Smog – Wild Love
9) Japan – Night Porter
10) Dead Can Dance – Anywhere Out of the World
11) Radiohead – Exit Music (For a Film)

Ich habe es schon lang nicht mehr geschafft, das komplette Tape am Stück zu hören. Das werte ich an dieser Stelle mal als gutes Zeichen.

Loud is the new quiet

Gestern war ja der Tag gegen Lärm. Gestern hatte in meinem Haus aber auch jemand Geburtstag, weswegen ich mit einem Schlag zu den acht Prozent aller Deutschen gehörte, die sich durch den Lärm der Nachbarn massiv gestört fühlen.

Kann mir jemand verraten, warum ALLE Nachbarn IMMER beschissene Musik hören? Warum kommt es NIE vor, dass man sich denkt: «Oha, der hört aber phantastische Musik! Gleich mal rübergehen und fragen, was das ist!»? Auch gestern hatte ich wieder das dringende Bedürfnis, meinen Hausgenossen ein paar okaye Platten vorbeizubringen. Laute Musik stört mich grundsätzlich nicht, zumindest weitaus weniger als Straßen- oder Baulärm. Laute Kackmusik bringt mich allerdings an den Rande des Wahnsinns. Die Leute auf der Party gestern müssen so zwischen 30 und 40 Jahre alt gewesen sein, und wie meistens geht es bei Festivitäten in dieser Altersklasse gegen 20 Uhr erst mal mit gepflegten After-Work-Sounds aus der schmierigen R&B- und Kommerzabteilung los. Also Beyoncé, Pussycat Dolls, Justin Timberlake, Nelly Furtado, Shakira und so weiter.
Nachdem die Häppchen gereicht und die ersten Prosecci intus sind, wird es dann mit etlichen Klopfern aus den

80ern langsam launig. Zu Wham, Nena, Duran Duran, Eurythmics, Falco, Kim Wilde und Europe wird schief mitgesungen, und wenn sich nach 23 Uhr die Party langsam mit Funk- und Disco-Klassikern von Diana Ross und Donna Summer ihrem Höhepunkt nähert, die Frauen ekstatisch kreischen, die Männer brunftig grunzen und erste zu Boden fallende Gläser klirren, ist klar, was einem um Punkt Mitternacht erwartet: «Happy Birthday» von Stevie Wonder. Einer meiner Hass-Songs für alle Zeiten. Das unoriginellste, was man einem Geburtstagskind bieten kann. Konsensscheiße vor dem Herrn. Warum macht man sich nicht vorher schlau und legt um Mitternacht ein Lied auf, das der Gastgeber gerne mag, eines, das ihm viel bedeutet, etwas Persönliches halt? Aber neee, immer schön stumpf den Blödi-Gassenhauer Nummer eins, damit auch alle merken, dass es Zeit ist zu gratulieren. Um halb zwei war dann Schluss, das ist der Vorteil von Partys, bei denen derlei Musik läuft. Da halten die Leute nicht so lange durch.

Ganz im Gegensatz zu meinem (unlängst gottlob ausgezogenen) Nachbarn über mir. Einmal drehte er komplett frei. Schon am frühen Abend feierte er mit seinem Freund ausgelassen Ringelpietz. Doch richtig lustig wurde es erst, als der Lover von dannen gezogen war und Jacques, er ist übrigens Franzose, gegen 2 Uhr morgens seine Terrasse als Partyareal entdeckte. Dort hüpfte er dann, offensichtlich voll wie eine Haubitze, laut kreischend herum. Die Boxershorts hingen in den Kniekehlen, es war kein schöner Anblick. Dazu gab es die szeneimmanenten Weisen von Madonna, Whitney Houston, Marianne Rosenberg und Hildegard Knef in Endlosschleife, und zwar in Konzertlautstärke. Mein Rufen nach oben verhallte einige Male ungehört, doch schließlich passte ich eine kurze Pause zwischen Kylie Minogue und den Village People ab, um besorgt-genervt zu plärren: «Ey, Alter! Alles in Ordnung bei dir?! Mach ma' leiser!» Mein Nachbar lallte: «Oh, Pardon! Ischbringesruntör!» Ich darauf ganz entsetzt: «Nein! Du sollst nicht runterspringen! Nur die Musik leiser machen!» Er verschwand in seiner Wohnung, die Musik wurde ausgemacht, und mir fiel ein, dass er wohl «Ich bring es runter» gesagt hat, was anscheinend die wörtliche Übersetzung aus dem Französischen für «leiser machen» war.

Außer bei dieser einen Gelegenheit habe ich mich noch nie bei irgendeinem meiner Nachbarn über Lärm beschwert. Kann ich einfach nicht, finde ich auch scheiße, wenn meine Nachbarn das bei mir machen. Altbauten sind in der Regel sehr hellhörig, da muss man einfach durch. Solange das Ganze im Rahmen bleibt und nicht jede Nacht zu einem Rave ausartet, finde ich es zum Beispiel auch nicht angemessen, Punkt eine Minute nach 22 Uhr zu klingeln und auf die Einhaltung der Nachtruhe zu pochen. Der Kollege, der in Friedrichshain unter mir wohnte, hetzte mir bei gerade mal Zimmerlautstärke einmal pro Woche die Polizei auf den Hals. Ist immer unangenehm, auch wenn man eine blütenweiße Weste hat.

Nur einmal war ich auch kurz davor, die Ordnungshüter zu rufen. Neben mir wohnte ein Paar, das rund um die Uhr vögelte und dabei sehr laut war. Das machte mir lange Zeit nichts aus, guter Sex ist ja grundsätzlich prima. Als die Alte dann aber anfing, die ganze Zeit «Jippie! Jippie!» zu krakeelen, hörte der Spaß auf. Nicht, weil es zu laut war, sondern weil ich mich so fremdgeschämt habe.

Nachbarlärm auszuhalten ist auch wirklich keine Frage des Alters, glaube ich, hoffe ich, sondern eher eine der Qualität und der gegenseitigen Toleranz. Wenn mein Nachbar gute Musik hört (was allerdings, wie oben bereits angedeutet, noch nie vorkam) und damit unter der Woche bis ein Uhr morgens fertig ist, habe ich damit kein Problem, wenn er dies im umgekehrten Fall genauso sieht. Wenn mein Nachbar allerdings zu nachtschlafender Zeit Schlager dudelt, muss er es aushalten, wenn ich ihn gleichzeitig live an der Fertigstellung einer Minimal-Techno-Mix-CD teilhaben lasse, andernfalls bekommt er Ärger.

Wer es ganz ruhig haben möchte, soll aufs Land ziehen. Da komme ich ursprünglich auch her, noch aber habe ich nicht die Absicht, wieder dorthin zurückzugehen, schon gar nicht wegen lärmenden Nachbarn. Mit 20 dachte ich, dass ich spätestens mit 40 von der Stadt und ihrer Lautstärke genug hätte, doch nach wie vor macht mir das kaum was aus. Klar, ich wohne in einem Hinterhof, ich höre also keinen Verkehrslärm und keine Straßenbahn, meine Wohnung liegt nicht in einer Einflugschneise, und

abgesehen von ein paar Aussetzern sind meine Nachbarn auch ruhig und friedlich, dennoch bin ich nach wie
vor der Ansicht, dass Großstadtleben naturgemäß beinhaltet, keine Stecknadeln fallen oder Hähne krähen zu
hören.

Vielleicht sehe ich das in zehn Jahren anders, ohne
Techno und dafür mit Familie oder so, aber dann kann
ich immer noch in die Pampa verschwinden.

Dann bin ich auch in einem Alter, in dem man genau
auf die Gesundheit achten sollte. Und siehe da, zum Tag
gegen Lärm wurde gestern auch eine Studie veröffentlicht, aus der hervorgeht, dass nachbarschaftliches Ge-
töse das Herzinfarktrisiko, teilweise auch das von Atem-
wegserkrankungen erhöht. Wenn das nächste Mal um
Mitternacht irgendwo nebenan laut «Happy Birthday»
läuft, lege ich mich röchelnd vor die Tür und klingele. Ich
muss ihnen ja nicht sagen, dass ich das nur mache, weil
ich den Song so mies finde.

EM – DAS WAR´S

Soll man keine 24 Stunden nach einem verlorenen

Finale einen EM-Rückblick schreiben?

Nein, lieber noch einmal schlafen und ausweinen.

Dann ist der Blick klarer.

48 Stunden später. Noch immer fühle ich diese Leere, die nach dem Ende solcher Ereignisse stets da ist, und sie ist natürlich noch viel schlimmer, wenn ein Endspiel verloren wurde. Aber auch ohne diesen Umstand ist da immer dieses große Nichts. Drei Wochen lang hatte ich eine riesengroße Entschuldigung dafür, mich bei nicht fußballinteressierten Freunden nicht zu melden, nicht zum Sport zu gehen, einfach nichts zu machen, was meine volle Konzentration auf die EM stören könnte. Mein Motto war wie immer: «Alle Spiele, alle Tore.» Und da haben Zahnarzt, Steuerberater, Automechaniker, Friseur und wie sie alle heißen, die regelmäßig auf der Matte stehen, einfach keine Chance, auch wenn sie ihre Dienstleistungen ausnahmslos zu Tageszeiten anbieten, in denen keine Spiele stattfinden. Egal, denn in diesen drei Wochen herrscht bei mir ein vollkommen anderer Bewusstseinszustand vor, und der duldet keinerlei Beeinträchtigung durch Alltagsquatsch. Ich war eh schon verwirrt genug, als nach der Vorrunde die 18-Uhr-Spiele wegfielen, ganz zu schweigen

von den vier komplett spielfreien Tagen. Mehr Störungen meines EM-Biorhythmus wären also keinesfalls zumutbar gewesen.

So verhält es sich, seit ich denken kann. Was meine Wahrnehmung von Fußball und großen Turnieren betrifft, zogen die Jahre spurlos an dieser vorbei. Ein Panini-Album muss sein, dafür ist man nie zu alt; man macht bei möglichst vielen Tippspielen mit; wenn Deutschland spielt, erhöht sich meine Körpertemperatur immer noch um gefühlte zwanzig Grad; wenn irgend möglich, will ich auch mindestens ein Spiel im Stadion sehen.

Die Entwicklungen, die der Fußball in den letzten dreißig Jahren erfahren hat, nehme ich aber trotz meines Traditionsbewusstseins zur Kenntnis. Insofern spielt bei diesem EM-Rückblick auch der Einst-Jetzt-Gedanke eine Rolle.

1) Die EM in sportlicher Hinsicht

Ich handle diesen Teil in der gebotenen Kürze ab, denn weder bin ich eine Sportzeitung, noch habe ich selbst mitgespielt. Zunächst: Keine Frage, Spanien ist verdient Europameister geworden. Teilweise war es eine echte Offenbarung, ihnen beim Kicken zuzusehen. Keine andere Mannschaft spielte so konstant schönen, erfolgreichen und modernen Fußball. Überhaupt war die EM auf sehr hohem Niveau, wenn man sich noch einmal vergegenwärtigt, was außer den Spaniern die Niederländer, Russen, Portugiesen und ja, in einem Spiel auch die Deutschen in ihren guten Momenten auf den Rasen zauberten. Die vollkommen irren Türken gab es ungefragt noch als wahnwitzige Zugabe. Sehr gefreut habe ich mich auch darüber, dass die Maurermeister endlich abdanken mussten. Die Zeiten, in denen destruktive Gurkentruppen wie Griechenland Europameister oder zynische Ergebnisfußballer wie Italien Weltmeister wurden, sind damit hoffentlich ein für alle Mal vorbei.

2) Die Berichterstattung

Dieses Auge beim ZDF hat mir bis zuletzt Angst gemacht. Erst hab ich gar nicht kapiert, was das soll, ich dachte, es hätte irgendwas mit diesem «Mit dem Zweiten sieht man besser»-Slogan zu tun, aber es war ja nur dieses eine Auge, und es war sehr groß und dominant und nicht schön. Wenn Kerner im weiteren Verlauf nicht in jeder Sendung gefühlte einhundertmal angemerkt hätte, dass das ZDF live aus der Bregenzer Seebühne sendet und dass in dieser Kulisse im Juli und August *Tosca* gespielt wird, würde ich mich heute noch fragen, wer auf so einen Scheiß kommt.

JBK, Kloppo und der Schweizer Schiri verabschiedeten sich mit dieser EM ja auch als Expertentrio. Um Jürgen Klopp tut es mir leid, ich habe ihm stets sehr gerne bei seinen transparenten Erklärungen zugehört. Guter Mann, mit Ahnung, Charme und Humor. Urs Meier werde ich nicht vermissen. Seine Statements machten nur Sinn, wenn es galt, eine strittige Schiedsrichterentscheidung zu bewerten. Aber da zu diesem Zeitpunkt

eh schon längst nicht mehr daran zu rütteln war,
brauchte man das auch nicht wirklich. Über Kerner
muss man nicht mehr viel sagen. Nicht umsonst gibt es
mittlerweile Ausdrücke wie voll-, an- oder rumkernern.
Erfreulich fand ich beim ZDF, dass man nach der Vorrunde Poschmann und Wark vom Kommentatorenplatz
entfernte und die Sache fortan Béla Réthy überließ, der
seit Jahren in meiner Geringste-Übel-Top-5 einen festen
Platz hat. Phasenweise verliert er ein bisschen die Über-
sicht, aber durch seine Erfahrung wetzt er die meisten
Scharten aus. Seine Sternstunde hatte er unfreiwillig
beim Sendeausfall während des Deutschland-Türkei-
Spiels. Da geriet er ins Schwimmen und produzierte
dabei unterhaltsame Krachersätze wie diesen: «Wenn
Sie jetzt einen Mann mit Vollbart sehen, wissen sie, dass
sie wieder ein Bild haben.» Derweil trabte Metzelder
von links nach rechts, herrlich.
Insgesamt fühlte ich mich bei der ARD besser aufgeho-
ben. Tom Bartels war schon zu Premiere-Champions-
League-Zeiten mein unangefochtener Lieblingsreporter,
vollkommen zu Recht hat er und nicht Steffen Simon das
Finale kommentiert. Prima auch, dass Beckmann sich
deutlich zurückgezogen hat. Er durfte nur noch einmal
in der Vorrunde unangenehm auffallen, als er zum einen
seinen Experten Mehmet Scholl ständig unterbrach,
zum anderen nicht davon ablassen konnte, schmierige
Bemerkungen hinsichtlich Monica Lierhaus' Äußerem
zu machen. Finster. Delling und Netzer schaukelten
die Sache gewohnt souverän. Natürlich kennt man das

inzwischen, dennoch war ihr reduziertes Miteinander in einem schlichten Studio ein erfrischend sachlicher Gegenentwurf zu dem Alarm-Heckmeck, den das ZDF aus der beknackten Seebühnen-Arena abfeuerte.

3) Die Fankultur

An die Deutschland-Fähnchen an den Autos habe ich mich während der WM 2006 gewöhnt. Stören mich nicht großartig, es sei denn, mir kommt auf der Autobahn bei 150 Sachen ein herrenloses Exemplar entgegengeflogen. Ich persönlich besitze keine schwarz-rot-goldenen Irokesen-Perücken, Hula-Kettchen oder Cowboyhüte, ich hab noch nicht mal ein Deutschland-Trikot. Aber wenn man jeglichen nationalistischen Unsinn außen vor lässt und das Ganze als unbeladenen Zugehörigkeitsnippes begreift, geht das schon in Ordnung, zumal im Stadion, denn die Spieler wollen ja schließlich erkennen können, in welche Kurve sie nach Spielende laufen sollen.

Ich habe mich mittlerweile auch damit arrangiert, dass sich während einer WM oder EM augenscheinlich plötzlich weitaus mehr Menschen für Fußball interessieren, als dies sonst der Fall ist. Das ist prinzipiell okay, denn Fußball hat immer noch mit so vielen Vorurteilen zu kämpfen. Es ist noch gar nicht so lange her, dass man sich als denkender Mensch permanent dafür rechtfertigen musste, einer derart stumpfen Proletenveranstaltung auf den Leim gegangen zu sein. Insofern bin ich für jeden neuen Verehrer der besten Sportart der Welt dankbar, denn sie hat ihn verdient. Und wenn im Zuge eines Hypes ganz viele Jungs in Fußballvereine eintreten, anstatt weiter irgendwelchen Trendsportarten zu frönen, kommt das dem großen Ganzen bestimmt zugute. Wenn es nun aber darum geht, wen ich beim Gucken eines Spiels in meiner unmittelbaren Nähe haben will, bin ich schon nicht mehr ganz so tolerant. Oder anders: Ich verabscheue Public Viewing. Ich habe es bei dieser EM zweimal versucht, einmal freiwillig, einmal zwangsweise, und beide Male habe ich mir das gedacht, was ich mir immer denke, wenn ich beim Public Viewing lande: «Warum muss ausgerechnet ich immer neben so planlosen, lauten und nervigen Arschlöchern stehen?!» Damit hier kein falscher Eindruck entsteht: Dass Fußball nicht mehr nur der reine Sport, sondern längst schon Gegenstand einer ausufernden Eventkultur ist, nehme ich zwar kritisch zur Kenntnis; dennoch kann ich nachvollziehen, wie es dazu gekommen ist, und ich verkneife mir an dieser Stelle deswegen auch wehmütige Kommentare, weil die Entwicklung eh nicht mehr aufzuhalten ist, damit muss man also klarkommen. Nur: Brauchen tu ich persönlich das alles nicht. Deshalb bleibe ich mit Leib und Seele der Private-Viewing-Typ, weil ich es auf den Tod nicht ausstehen kann, wenn ich Fußball mit Menschen gucken muss, die davon nichts verstehen. Da ziehe ich die handverlesene Kleinstgruppe, mit der ich zu Hause die Spiele verfolge, vor. Außerdem schmeckt meine selbstgegrillte Bratwurst besser, das Bier ist kälter, und anstehen muss ich auch nirgends.

Im Stadion war ich auch, ich hatte tatsächlich ein Ticket für Deutschland gegen Österreich ergattert. Auch dort herrschte für meinen Geschmack etwas zu viel Remmi-demmi, zumindest vorm Spiel. Singen in der Kurve muss sein, aber ständig wurde der wahre Fan dabei gestört. Entweder es lief «Hey Baby» von DJ Ötzi in brachialer Lautstärke (oder, noch kränker, «Viva Colonia», als die deutschen Spieler zum Warmmachen rauskamen), oder man wurde bereits VOR dem Spiel zur La-Ola genötigt, oder das EM-Logo musste auf den Zuschauerrängen einmal durchs komplette Stadion weitergereicht werden. Ich kam mir vor wie bei einem obstlergeschwängerten Après-Ski-Hüttenzauber, und zwischendurch musste ich mich echt kneifen, um sicher zu sein, dass hier gleich ein entscheidendes, hochbrisantes Match einer Fußball-Europameisterschaft stattfindet. Während des Spiels war dann alles so weit wieder in Ordnung. Es wurde ordent-lich gesungen. Meine Top 3:
Deutsche Fans: «Fußball ist kein Wintersport, shalala-lala ...»
Deutsche Fans: «Ihr könnt zu Hause bleib'n, ihr könnt zu Hause bleib'n ...»
Deutsche Fans: «In Europa kennt euch keine Sau!» Ant-wort der Österreicher: «In Europa mag euch keine Sau!»
Aufgrund der Seilschaften und Irrwege, die das Ticket zu mir gelangen ließen, konnte ich allerdings selbst nicht mitsingen, denn ich saß im österreichischen Block. Was spätestens sonnenklar war, als ich bei Ballacks Tor als Einziger in fünfzig Metern Umkreis stand und jubelte.

Gestanden wurde im Stadion eh nicht, aber das ist eine Entwicklung, an der der konsequente Abbau von reinen Stehplätzen in Fußballstadien gewiss nicht unschuldig ist. Ich stehe gerne beim Fußball, das mache ich auch die meiste Zeit, wenn ich zu Hause gucke. Da hat man eine ganz andere Körperspannung und muss beim Jubeln und Ärgern nicht extra aufspringen.

Nach dem Spiel wurde dann bis in die frühen Morgenstunden gefeiert, Österreicher mit Deutschen, fürwahr ein schöner Abend.

Es war also wieder mal alles drin und alles dran bei dieser EM. Sie hat mir genauso viel Freud, Leid, Spaß und Ärger wie alle anderen vorher bereitet.

Alles kommt, alles geht, nur der Fußball bleibt.

MACHEN KLEIDER LEUTE?

n in dem Alter noch so rumlaufen?

Muss sich ein 40-Jähriger in seinem Klamottenstil

deutlich von einem 14-Jährigen unterscheiden?

Anziehsachen und das Alter – eine Betrachtung.

Neulich war ich mal wieder bei meinen Eltern. Im Gepäck: fünf ungebundene Krawatten. Ich habe Krawatten gerade so ein bisschen für mich entdeckt, und zwar weniger als Komplettierung eines Anzugoutfits, sondern einfach so, zu einem kurzärmligen Hemd oder Poloshirt. Mein Problem: Ich kann keine Krawatten binden. Einen schlichten Knoten bekomme ich noch mit Mühe und Not hin, aber beim chefmäßigen doppelten Windsorknoten versage ich. Ich habe mir zahlreiche bebilderte Anleitungen einverleibt, habe vorm Spiegel geübt, aber er mag mir einfach nicht gelingen. Zu kurz, zu lang, zu schief, zu scheiße, ich habe es aufgegeben. Deshalb lasse ich das meinen Papa machen, der kann das. Die fünf neugebundenen Exemplare in den Farben Schwarz, Schwarz, Schwarz, Grau und Grau sollten jetzt erst mal genügen, beim nächsten Elternbesuch bringe ich dann wieder neue mit.

Bis vor einem Jahr besaß ich genau eine einzige Krawatte. Mein Vater hatte sie mir vor etwa zehn Jahren vermacht, er trug sie selbst in den 60ern, sie ist also schön schmal. Natürlich überreichte er sie mir bereits gebunden, und jedes Mal, wenn ich sie trug, achtete ich darauf, den Knoten möglichst behutsam auf- und zuzuschieben, damit er auch ja nicht aufging. Ein Mädchen, das unsere Begegnung offenbar um eine heiße, nahezu James-Bond-mäßige Komponente bereichern wollte, riss mir das Ding mal einfach so vom Hals. Na, die bekam aber was zu hören!

Lässt sich an dem Umstand, dass man Krawatten trägt, ablesen, dass man hinsichtlich seiner Kleidungswahl eine gewisse Reife erlangt hat? Eigentlich nicht, oder? Bill von Tokio Hotel trägt auch welche, der sieht ansonsten aber ganz anders aus als ich.

Ich blicke gerade mal an mir herunter. Ich habe ein hellblaues Kurzarmhemd von H&M an, eine Diesel-Jeans und weiße Basketball-Nikes, also alles Sachen, die so unspektakulär sind, dass ich sie in fünf Jahren auch noch tragen könnte. Ohnehin geht die Tendenz, was Klamotten angeht, bei mir zunehmend in Richtung schlicht. Dreiviertel meines Kleiderschranks sind von den Farben Schwarz, Grau und Blau dominiert, nur vereinzelt schleicht sich mal ein weißes, grünes, rotes oder braunes Teil dazwischen. Auch Streifen oder Muster muss man lange suchen, ich habe mir vor ein paar Wochen mein erstes kariertes Hemd seit 1993 gekauft. Ich besitze genau zwei T-Shirts mit Aufdruck, alle anderen sind uni, auch Logos entdeckt man, von ein paar Krokodilen abgesehen, überhaupt keine.

Wenn ich in puncto Kleiderordnung nicht so sprunghaft

wäre, würde ich jetzt sagen, dass ich meinen Stil gefunden habe. Dezente Farben, klassische Schnitte, nichts Auffälliges und vor allem: Sitzen muss das Zeug. Was bei 1,70 Meter Körpergröße und 62 Kilogramm Lebendgewicht gar nicht so einfach ist, denn da sind Sachen gerne mal zu groß oder zu lang. Ich kaufe alles in ‹S›, meistens liege ich damit richtig, manchmal ist aber selbst *small* noch zu *large*.

In der Vergangenheit war es eigentlich schon ein Ansinnen von mir, durch meine Klamotten aufzufallen oder zumindest eine gewisse Attitüde zu vermitteln. Das ging schon relativ früh los, so etwa mit 13. Da schrieb man das Jahr 1980. Im Fernsehen und in Magazinen bekam man vereinzelt Leute zu Gesicht, die anders aussahen als die Schulkameraden. Das inspirierte mich sehr, gleichzeitig war es aber auch frustrierend, denn der nächste Laden, in dem man solche Sachen bekommen konnte, war, wenn man auf dem Land in Bayern lebte, zu dieser Zeit noch gefühlte 1000 Kilometer entfernt.

Also musste man versuchen, sich aus den Mainstream-Jeans-Boutiquen Zeug zusammenzukaufen, das, wenn es entsprechend abgeändert und kombiniert wurde, halbwegs taugte, um damit ein bisschen aufzufallen. Wenn man dann die Frisur noch entsprechend anglich, ging man optisch mit viel Wohlwollen als Großstädter durch. Auch ausrangierte Kleidungsstücke von Papa und Opa konnten den Drang nach mehr Individualität unterfüttern. Enge Hemden, Anzüge und Rollkragenpullover, dazu spitze Schuhe aus den 50ern / 60ern oder Bundeswehrstiefel, das Ganze in gedeckten Farben – damit kam man dem Look der Herrschaften von Bands wie Ultravox, Heaven 17 oder OMD schon sehr nahe.

Ab etwa 1983 sollten die Zustände dann schlagartig nahezu paradiesisch werden. In München gab es endlich einen Laden, der den coolen Fummel verkaufte, den man sonst nur in London bekam, zusätzlich gab es einige Mailorder-Anbieter, die alles hatten, was das Wave-/Gruftie-Herz begehrte. Mindestens einmal pro Monat brachte der Postbote ein Paket, dessen Inhalt mich in schiere Verzückung geraten ließ: Schnallenschuhe, Bondage-Hosen, lange schwarze Mäntel, Totenkopf-Ohrringe, Nietengürtel, T-Shirts von The Cure, Joy Division oder Bauhaus, weiße Theaterschminke, Kajalstifte und tausend andere schwarze Sachen, die mich zu einem Gothic von Welt machten.

Gut fünf Jahre lang frönte ich diesem Stil. Durch Bands wie Fields of the Nephilim oder Wall of Voodoo erfuhr das Ganze dann Ende der 80er eine kleine Veränderung in Richtung Spaghetti-Western-Look. Die Schnallenschuhe wurden ersetzt durch Cowboystiefel, die Haare standen jetzt nicht mehr nach oben, sondern hingen ins Gesicht, die Schminke wurde weggelassen, Schwarz als einzig mögliche Farbe blieb hingegen. Darauf sah man auch Staub am besten. Das hatte ich mir nämlich bei Fields of the Nephilim abgeguckt, weswegen ich stets, bevor ich in die Disco ging, einmal ausgiebig durch eine Straßenbaustelle hirschte, um mich ausgiebig zu bestäuben.

Der Cowboylook ging dann in die Neo-Psychedelic-Phase über, was erstaunlich ist, weil damit aus komplett schwarz nun komplett bunt wurde. Grell gemusterte 70er-Jahre-Hemden, dazu Schlaghosen und Chelsea-Boots sowie zusehends längere (jedoch immer noch blau-schwarz gefärbte) Haare rückten mich fast in die Nähe von Hippies. Besonders stolz war ich auf eine Jacke, die so aussah wie jene, die die Beatles zu «Sergeant Pepper»-Zeiten trugen, so Marching-Band-mäßig. Als Accessoire zierte meine Brust eine schwere, großgliedrige silberne Kette, im Freundeskreis wurde diese Kombi zärtlich als «Kasperljack'n mit Bürgermeisterkett'n» tituliert.

Danach kam Grunge, also karierte Flanellhemden, mot-tenzerfressene Wollpullis, Armyboots oder Chucks und Levi's 501. Ich kaufte fast alles secondhand, und weil die Jeans bisweilen schon recht mitgenommen waren, erwarb sich meine Oma, eine gelernte Schneiderin, eine gewisse Expertise darin, die zerfetzten Teile wieder einigerma-ßen ganz und damit tragbar zu machen. Sie ersetzte die maroden, löchrigen Parts durch heile Flicken und kreierte damit unfreiwillig eine eigentümliche Patchwork-Jeans, die in Szenekreisen so gut ankam, dass sogar Leute aus der großen Stadt bei meiner Oma ihre 501 tunen ließen. Ihre Küche, in der auch die Nähmaschine stand, glich zeitweise einer Jeansfabrik.

Doch irgendwann hatte ich genug von diesem Slacker-Look. Ich fing plötzlich an, mir wie bekloppt Anzüge zu-zulegen, alles, was in meiner Größe in Secondhandläden herumhing, wurde aufgekauft.

Ab Mitte der 90er verdiente ich als Redakteur auch endlich Geld, und so waren Secondhandshops schließlich weitestgehend passé. In diesen Zeiten war der Rummel um Designerfummel sehr groß, und auch ich ging dem Hype voll auf den Leim. Helmut Lang, Prada, Patrick Cox, Paul Smith oder Hugo mussten schon sein, und es sollte zwei Jahre dauern, bis ich erkannte, dass der Kram in jeder Hinsicht vollkommen überteuert ist. Da waren allerdings meine EC- und Kreditkarten schon vom Geldautomaten einbehalten worden.

Also zurück in die Gebrauchtläden, um dort vorzugsweise Vintage-Adidas-Klamotten zu kaufen. Man sah mich fortan vermehrt in Trainingsjacken rumlaufen. Polo-Shirts, vorzugsweise von Lacoste, waren danach die letzte Sache, die eine Vorliebe/Phase markierte.

Seit zwei Jahren regiert, wie oben bereits erwähnt, die Schlichtheit. Zwei Drittel meines Fundus stammen von H&M und American Apparel, nur ganz vereinzelt befinden sich noch Sachen von Designern darunter, dann allerdings eher skandinavische wie Tiger Of Sweden oder Filippa K., die eher unaufgeregte, erschwingliche Mode machen. Das Schuhwerk kommt ausnahmslos von Adidas, Nike oder Converse, für den Notfall stehen auch noch zwei Paar schwarze Lederstiefeletten herum.

Alles in allem merkt man meinem Kleidungsstil schon an, dass ich nicht mehr 14 bin. Das wäre zum Beispiel als Hip-Hopper anders, da rennen 40-Jährige genau so rum wie 14-Jährige, aber auch Mama und Tochter kaufen davon abgesehen ja längst zusammen bei H&M ein. Generell ist es nicht mehr möglich, an den Klamotten den Grad des Erwachsenseins abzulesen. Es ist wohl eine Frage des Stils, der entweder 18-Jährige aussehen lässt wie 40, weil sie sich total langweilig und spießig kleiden, oder umgekehrt 40-Jährige aussehen lässt wie 15, weil für sie immer noch nichts über Sneakers und Basecaps geht.

Alles geht, und das ist auch gut so.

Krawatten binden werde ich trotzdem wohl nie lernen.

MARKUS KAVKA (17)

TRIFFT MARKUS KAVKA (41)

Schizophren! Markus Kavka trifft als 17-Jähriger

sich selbst als 41-Jährigen!

24 Jahre Altersunterschied liegen zwischen beiden, da darf also das 17-jährige Exemplar schon mal ganz genau nachfragen, wie es denn beim großen Markus ums Erwachsensein bestellt ist, denn keiner kennt diesen Mann besser als er sich selbst.

MARKUS KAVKA 17 (MK17):
Du schmierst dir immer noch Zeug in die Haare, oder?
MARKUS KAVKA 41 (MK 41):
Na ja, du Schlaumeier, das ist ja wohl kaum zu übersehen. Aber hey, ich bin in meinem Alter froh, dass da überhaupt noch etwas auf dem Kopf ist, in das man was reinschmieren kann.
MK 17:
Papa sei Dank, der glänzt ja auch im hohen Alter noch mit ausreichend Haupthaar.
MK 41:
So sieht´s aus. Aber du weißt ja, wie es ist. Wenn ich mir nichts in die Haare schmiere, sehe ich aus wie Beethoven, der in eine Steckdose gefasst hat. So fluffig. Geht gar nicht. Und deswegen haben meine Haare in den letzten fast dreißig Jahren alles abbekommen, was

sie zähmen konnte – Bier, Kernseife, Wachs, Gel, Gard Extra Stark und so weiter.

MK 17:

Du hast das Melkfett vergessen, das du dir zu Grunge-Zeiten in deine Matte geknetet hast. Das war fies, es roch nach wenigen Stunden schon sehr streng. Mama sagte immer: «Du bist doch keine Kuh!»

MK 41:

Ja, schon gut, die Melkfett-Phase dauerte ja auch nicht so lange.

MK 17:

Du färbst deine Haare auch immer noch, oder?

MK 41:

Vorsicht, Freundchen! Gefährliches Terrain! Gegen diese Feststellung hat der Herr Altkanzler Schröder schon mal erfolgreich geklagt.

MK 17:

Na gut. Aber deine Jeans hat offensichtlich ein Loch am Oberschenkel. Da hat sich also auch nicht viel verändert ...

MK 41:

Also hör mal! Das habe im Gegensatz zu früher nicht ich selbst reingemacht. Die verkaufen die Dinger jetzt neu so. Ist mir auch unangenehm, ich hätte sie ohne Loch besser gefunden. Gab es aber nicht.

MK 17:

Ziehst du eigentlich noch irgendwelche Klamotten von damals an?

MK 41:

Nein, die meisten sind sowieso im Zuge meiner 13 Umzüge irgendwo unterwegs liegen geblieben, aber auch so würde ich das wohl nicht tun. Ich war eh schon verstört genug, als vor ein paar Jahren zuerst über Berlin-Mitte und schließlich über die ganze Republik das 80er-Revival hereinbrach. Die Jungs trugen Muskelshirts, die Mädchen Neonquatsch. Finster.

MK 17:

Das könnte man jetzt als Zeichen des Erwachsen- und Älterwerdens deuten, wenn eine Mode, die man bei ihrem ersten Auftauchen selbst aktiv mitmachte, einen zwei Jahrzehnte später wieder einholt.

MK 41:

Stimmt, daran merkt man, dass man schon ein paar Jahre mehr auf der Uhr hat. Gerade rollt ja auch voll das 90er-Revival an, mit Eurodance und so. Im Gegensatz zu den 80ern fand ich das alles aber schon im Originalzeitraum scheiße.

MK 17:

Hörst du noch Musik von damals?

MK 41:

Ab und zu. Depeche Mode, Dead Can Dance, Smiths, New Order und ein paar andere Sachen finde ich immer noch gut. Aber dieses Retro-Nostalgie-früher-war-alles-besser-Ding war noch nie meins. Muss ja weitergehen, es gibt immer noch genügend Neues zu entdecken.

MK 17:

Du legst ja jetzt auch schon seit fast zehn Jahren Techno

auf. Hätte ich nicht für möglich gehalten bei deiner Vorliebe für Gitarren.

MK 41:

Na ja, bevor ich Gitarrenmusik gehört habe, war ich ja sehr lange Zeit Electropop und EBM zugetan. Das Elektronik-Ding ging eigentlich nie weg, und als ich dann Ende der 90er die Ohren von Gitarren und Gesang ein bisschen voll hatte, war dieses Minimal-Techno-Ding schon so eine kleine Erleuchtung. Aber damals wie heute gilt: Ich höre immer alles. Einziges Kriterium: Berührt es mich oder berührt es mich nicht. Wirklich, es gibt nur gute und schlechte Musik, Schubladen aller Art sind mir ein Gräuel.

MK 17:

Du legst neuerdings auch gar nicht mehr mit Platten auf, oder?

MK 41:

Jein. Da liegen schon noch Vinyl-Platten auf den Turntables. Die sind aber zugegebenermaßen nur da, damit auf sie die MP3s aus dem Rechner übertragen werden. Ich musste da auch einen Glaubenskrieg mit mir selbst ausfechten, weil ich ja totaler Vinyl-Junkie war. Aber wir schreiben das Jahr 2008, die Zeiten ändern sich, und drei Kilo kleines Gepäck ist beim Auflegen gegenüber einem 25 Kilo schweren Plattenkoffer eindeutig praktischer, vor allem, wenn letzterer bei Flügen ins Ausland auch schon mal gerne woanders landet. Ich kaufe mir nach wie vor die besten Releases auf Vinyl und digitalisiere sie anschließend. Ist zwar umständlich, aber: Save the vinyl!

MK 17:

Auf deine alten Tage scheinst du ja noch ein richtiger Computer-Gadget-Geek zu werden ...

MK 41:

Jetzt übertreibe mal nicht! Meinen ersten iPod hab ich zum 40. Geburtstag bekommen, kurz darauf habe ich mir meinen ersten richtigen Computer gekauft, weil man den ja irgendwie dafür braucht. Der große Auskenner bin ich deswegen noch lange nicht. Das WLan bei mir daheim musste auch ein Spezialist einrichten, weil ich das null checke. Werde ich auch nie, wie so vieles, das mit Computern zu tun hat.

MK 17:

Fühlst du dich so alt, wie du bist?

MK 41:

Nee, so alt wie du. Quatsch, so jung natürlich nicht, aber ich fühle mich nicht älter als mit 30.

MK 17:

Und vernünftiger, erwachsener als mit 30?

MK 41:

Sagen wir es mal so: Ich war mit 25 kurioserweise noch deutlich vernünftiger als mit 30, da habe ich ja noch nicht mal geraucht und Alkohol getrunken. Ich bin zwar jetzt immer noch nicht so vernünftig wie mit 25, dafür aber etwas besonnener als mit 30.

MK 17:

Wie äußert sich das?

MK 41:

Mit 30 habe ich wirklich nur von heute auf morgen gedacht. Jetzt überlege ich schon mal, was nächste Woche oder sogar nächstes Jahr sein könnte. Ich spare jetzt sogar, stell dir das mal vor!

MK 17:

Wirklich erstaunlich, für dich hatte ja Geld immer nur einen Sinn, wenn du es ausgeben konntest. Du hast sogar Geld ausgegeben, das dir gar nicht gehörte. Das deiner Bank zum Beispiel.

MK 41:

Ja, das war damals nicht so ganz schlau, da geriet ich ganz schön in die Klemme. Kommt nicht wieder vor, ich verspreche es.

MK 17:

Nach über zehn Jahren im Fernsehen bist du jetzt wahrscheinlich sowieso steinreich und musst dir nie mehr Sorgen machen.

MK 41:

Prust! Ich moderiere nicht *Wetten Dass*, sondern die *MTV News*. Von einem sorgenfreien Leben in Saus und Braus bin ich also fast genau so weit entfernt wie du. Gut, das ist jetzt ein bisschen übertrieben, sonst hätte ich die letzten 24 Jahre wohl was falsch gemacht. Aber ich mach mir immer noch nichts aus Luxus, so wurden wir ja schließlich auch erzogen. Ich bin mehr als glücklich, wenn ich es mir leisten kann, zwei- bis dreimal im Jahr das Meer zu sehen, Ostsee inbegriffen. Trotzdem, ein Haus am Meer als Alterssitz ist immer noch mein großer Traum.

MK 17:

Wie kommst du in Berlin klar?

MK 41:

Gut. Sehr gut. Ich sag jetzt mal: Hier bleibe ich. Ich bin zwar zwischendurch immer noch sehr gerne auf dem Land, aber Großstadt ist schon eher mein Ding. Ich weiß jetzt nicht, ob es für immer Kreuzberg sein wird, aber Berlin an sich wird schon mein Lebensmittelpunkt bleiben.

MK 17:

Alle in der Familie haben schon Kinder, obwohl sie bis auf einen alle jünger sind als du. Willst du noch welche?

MK 41:

Klar, aber nur wenn es sich irgendwie ergibt. Da muss jedenfalls nichts übers Knie gebrochen werden.

MK 17:

Und heiraten?

MK 41:

Dafür gilt das Gleiche.

MK 17:

Ich werde ja nächstes Jahr volljährig. Man hört immer wieder, dass das nicht gleichbedeutend damit ist, erwachsen zu sein. Gab es für dich einen Schlüsselmoment, der dich zu einem Erwachsenen gemacht hat?

MK 41:

Zum Erwachsenwerden gehört offenbar auch, mit einem Verlust umgehen beziehungsweise loslassen zu können. Unsere Opas sind ja leider schon von uns gegangen, als wir noch relativ klein waren, das konnte man also noch nicht so richtig begreifen. Aber Verluste passieren nicht nur in der Familie, sondern auch in Beziehungen. Und da hatte ich durchaus mein Schlüsselerlebnis, als sich nämlich die Frau von mir trennte, mir der ich fast sieben Jahre liiert war. Da dachte ich mir auf einmal: «Aha, so läuft das also. Man bleibt gar nicht für immer zusammen, wenn man es schon so weit geschafft hat. Schade.» Das hat mir das Herz ganz schön gebrochen und mein gesamtes Weltbild von Liebe und Partnerschaft auf den Kopf gestellt.

MK 17:

Hat sich deswegen deine Herangehensweise an Partnerschaften verändert?

MK 41:

Das kann man wohl sagen, nicht zuletzt, weil mir so etwas ja danach noch zweimal passiert ist. Nach drei unglücklich verlaufenen Beziehungen habe ich dann mit Mitte 30 endlich gemerkt, was falsch lief. Ich habe, und das wurde mir auch so mitgeteilt, jedes Mal zu sehr geliebt, ich habe mich total aufgegeben und mein Leben vollkommen auf die jeweilige Frau ausgerichtet. Damit habe ich meinen Partnerinnen fast die Luft zum Atmen genommen, deswegen sind sie folgerichtig von dannen gezogen. Jetzt ist es so, dass ich die Dinge pflege, die mir wichtig sind, zum Beispiel Freundschaften, die unabhängig von der Beziehung weiterbestehen, aber natürlich auch eigene Interessen, die man verfolgt, auch wenn sie in den Augen des Mädchens mitunter fragwürdig erscheinen können. Dazu gehören so Sachen wie Ins-Sta-

dion-Gehen, oft Fußball im Fernsehen gucken, am Auto
rumschrauben, stundenlang Platten hören, so Jungs-
dinger eben. Ich weiß, das alles klingt eigentlich selbst-
verständlich, aber für mich waren das geradezu revolu-
tionäre Erkenntnisse. Wenn man dem Zeitgeist glauben
darf, ist es Männern jetzt durchaus wieder erlaubt, mehr
Mann zu sein, als das noch vor zehn oder zwanzig Jahren der Fall war. Da gab es sofort ´ne Backpfeife, wenn
man zu maskulin rüberkam.

MK 17:

Was ändert sich noch, wenn man erwachsen wird?

MK 41:

Qualität geht vor Quantität. Früher hab ich mir fünf
T-Shirts gekauft, um sie einen Sommer zu tragen, heute
kaufe ich mir eins, das ich fünf Sommer trage. Man ach-
tet schon darauf, dass Sachen länger halten, beziehungsweise darauf, dass sie nicht all zu großen modischen
Schwankungen unterworfen sind. Das gilt für alle Dinge,
mit denen man sich umgibt, also nicht nur Klamotten,
sondern auch Möbel, Technikkram, Geschirr und so
weiter. Man schläft auch mehr und lieber. Früher habe
ich Schlaf als notwendiges Übel angesehen, weil ich
Angst hatte, in der Zeit was zu verpassen. Irgendwann
stellt man fest, dass man nie so wirklich was verpasst hat
und somit kein schlechtes Gewissen mehr haben muss,
wenn man mal vor 2 Uhr morgens ins Bett geht und es
am Wochenende bis 14 Uhr nicht verlässt. Irgendwann
fängt man auch an, Oliven und Käse zu essen. Mit 17
mochte ich das Zeug noch nicht. Die Geschmacksnerven

171

scheinen also mit zunehmendem Alter strapazierfähiger zu werden. Wobei ich sämtliche Lauchgewächse immer noch nicht mag, gegen Knoblauch bin ich richtiggehend allergisch. Sobald ich versehentlich mehr als eine Zehe esse, wird mir ganz blümerant, und ich sinke danieder.

MK 17:

Was hast du denn noch für Ziele, Träume und Wünsche? Was soll in deinem Leben noch passieren?

MK 41:

Ganz viel. Erwachsen sein heißt ja nicht, dass man sich nicht mehr weiterentwickelt und sich mit dem Erreichten zufriedengibt. Ich will noch nach Island, Afrika und Südamerika reisen. Ich will perfekt Spanisch, Italienisch, Portugiesisch, Schwedisch, Tschechisch und Französisch sprechen können. Einen Roman schreiben. Das *Aktuelle Sportstudio* oder *Blickpunkt Sport* moderieren. Papa werden. Noch mal 15 Zentimeter wachsen. Einen Maulwurf als Haustier haben. Mit einem schnellen Motorboot auf dem Meer fahren. Tauchen. Surfen. Dass Bayern München nochmal die Champions League gewinnt. Mich mit Pinguinen unterhalten. In einem Film mit Robert De Niro mitspielen. Keine Angst mehr vor großen bellenden Hunden haben. Noch mindestens tausend Bücher lesen. Elfer schießen gegen Franck Ribéry. Die *Mille Miglia* mitfahren. Kochen können. In der Panorama Bar auflegen. Malen und zeichnen können. Von meinem Fenster aus den Berliner Fernsehturm sehen können. Vom Fenster meiner zweiten Bleibe aus das Meer sehen können. Bäume benennen können. Jemand gesund machen. Den

Blick fürs Wesentliche haben. Schach spielen und Schafkopfen können. Dass es keine Nazis mehr gibt. Alles wissen und nicht blöd sterben.

MK 17:

Irre, das deckt sich vollkommen mit meinen Wünschen! Ich will mit allem aber nicht mehr so lange warten müssen.

MK 41:

Die meisten von den Sachen werde ich mir wohl auch nicht mehr erfüllen können. Aber du hau mal rein, du bist ja noch jung. Und denk an mein Lebensmotto: Live fast, die old!

MK 17:

Hast du noch einen letzten Tipp, wie ich es mit dem Erwachsenwerden anstellen soll?

MK 41:

Sei kein Arschloch. Soll heißen: Sei gut zu deinen Mitmenschen, ich will später keine Klagen hören! Und mach dein Ding. Vertraue auf dein Gefühl und lass dir nicht von anderen ins Hirn oder ins Herz scheißen.

rororo 62355

Dr. med Eckart von Hirschhausen
Die Leber wächst mit ihren Aufgaben

Ansteckend lustig

Hilft Akupunktur beim Auto? Warum regt einen Glückstee so auf? Und wie findet man mit geschlossenen Augen seinen Traumpartner?

Arzt, Kabarettist und Bestsellerautor Dr. Eckart von Hirschhausen klärt diese und andere Fragen mit diagnostischem Blick. Er entdeckt das Komische in Medizin und Alltag, nichts Menschliches ist ihm fremd und niemand ist vor ihm sicher.

«Weißer Kittel, schwarzer Humor» Berliner Morgenpost